공병호의 新경제학 산책

인생은 경제학이다

공병호의 新경제학 산책

인생은 경제학이다

공병호의 新 경제학산책

인생은 경제학이다

해냄

경제학적 사고로 무장하라

경영학을 공부하면 물질적으로 풍요롭게 살 수 있어서 그런지 대학에서 경영학을 배우려는 학생이 날로 늘어가고, 졸업 후에도 경영학 석사 과정(MBA)을 공부하려는 사람들이 많다. 한마디로 경영학이 살아가는 데 큰 도움이 되고, 돈도 잘 벌게 해준다고 생각하는 것이다. 경영학을 다룬 책에는 어김없이 경영학의 실용성을 강조하는 대목이 들어 있다.

경영학이란 기업 조직의 관리를 연구하는 기업 경영학을 말한다. '매니지먼트'로서의 경영학은 기업과 같은 영리 조직뿐만 아니라 교회나 군대, 학교 같은 비영리 조직의 관리까지도 연구 대상에 포함하는 학문이다. 따라서 경영학은 영리·비영리 조직을 경영하는 데 대한 실제적인 지식과 관리 방법을 제공해 주는 학문이다. (…) 경영학은 실천 응용과학이며, 문제 해결을 지향하는 실용 학문이다. 실제 기업 현장에서 발생하는 여러 가지 문제점의 해결 방안을 분석적이고 합리적인 접근 방법으로 모색하고 있다. (이규상, 『경영학 원론』)

반면 경제학은 사람이 살아가는 데 별다른 도움이 안 되는 어려운 학문으로 간주되어 왔다. 그래서 그런지 학생들에게 인기 없는 분야가 되고 말았다. 특히 경제학은 경영학이 주로 다루는 기업 세계와 달리 국가라는 큰 주제를 다루는 관학(官學)으로 여겨져왔다. 경제학은 국민총생산, 금리, 환율, 국제 수지, 가격, 공급, 수요 등 보통 사람들에게는 피부로 와 닿지 않은 통계 자료나 그래프를 잔뜩 사용하기 때문에 조금은 고루하고 어려운 학문으로 받아들여졌다. 후버 연구소 연구원으로 있는 경제학자이자 베스트셀러 작가인 토머스 소웰(Thomas Sowell)은 실제로 경제학이 개인의 돈벌이에 도움이 안 된다고 이야기한다.

경제학에 대한 수많은 오해 중 하나가 바로 경제학이 당신에게 돈을 벌거나, 기업을 경영하거나, 주식 시장의 등락을 예측할 수 있게 만들어줄 거라고 기대하는 것이다. 경제학은 개인의 금융 문제나 기업 경영에 관한 것이 아니다. 그리고 주식 시장의 방향을 예측하는 데 필요한 종속 변수는 아직 다 알려지지 않았다.

경제학은 개인의 재정이 아닌 사회 전체의 물질적 부에 관한 것이다. 경제학은 가격과 관련된 원인과 효과, 산업과 거래, 노동과 임금, 국제 수지 등을 다루며, 이러한 요소들이 희소 자원 분배에 어떠한 영향을 미치고, 그 결과 전체 국민의 물질적 생활 수준이 향상되는지 아니면 저하되는지를 관찰한다. (토머스 소웰, 『시티즌 경제학』)

하나는 돈벌이에 도움을 줄 수 있는 학문이고 또 다른 하나는 돈벌이에 도움을 줄 수 없는 학문이라면, 사람들이 돈벌이에 도움을 주는 공부를 선택하는 것은 당연한 일이다. 경영학과 경제학 사이에서 고민할 때면 2005년 96세로 생을 마감한 피터 드러커(Peter Drucker) 교수가 생각난다. 드러커 교수는 '경영학의 아버지'라고 불릴 만큼 걸출한 인물로 전 세계의 경영자와 학자 그리고 일반 직장인들에게까지 지대한 영향을 미친 인물이라는 것은 많이 알려져 있지만, 원래는 경제학자였다는 사실을 기억하는 사람들은 많지 않다.

드러커는 1909년 오스트리아의 비엔나 출신으로, 그가 성장하던 시기는 루드비히 폰 미제스(Ludwig von Mises), 프리드리히 폰 하이에크(Friedric von Hayk)와 같은 자유주의 경제학자들이 비엔나를 중심으로 대거 등장한 시기였다. 드러커는 오스트리아 제국의 재무상을 지낸 아버지와 친구였던 요제프 슘페터(Joseph Schumpeter)를 여러 차례 만난 적이 있다. 또한 자유주의 경제 철학을 집대성하는 데 큰 역할을 한 미제스 교수도 아버지의 친구였다. 친구의 똑똑한 자식이라면 의례 그렇듯, 미제스 교수는 드러커가 자유주의 경제학을 계승하는 걸출한 경제학자가 되기를 바랐을 것이다. 실제로 드러커는 1934~1935년 런던의 한 보험회사와 은행에서 근무하는 동안 케인즈의 경제학 세미나에 규칙적으로 참석하면서 오스트리아가 낳은 위대한 경제학자 요제프 슘페터와 케인즈를 비교한 논문을 발표한 적도 있다. 그러나 이후 피터 드러커는 경영학자로서 길을 걷게 된다.

　1950년대, 피터 드러커는 이미 명성을 얻고 있던 자유주의 경제학자 미제스 교수를 뉴욕 대학교에서 만나게 되었다. 두 사람 모두 나치 치하의 유럽을 떠나 뉴욕 대학교에서 강의를 하고 있던 터였다. 엘리베이터 안에서 미제스는 드러커에게 "자네는 경제학자로서 전도유망한데 무엇 때문에 경영학을 하는가? 그게 학문인가?"라고 못마땅한 듯 물었다. 그러자 드러커는 "인간의 행복 증진은 물질 소비 수준의 증대에서 나옵니다. 그 목적을 달성할 수 있도록 하는 경제 주체는 기업이지요. 그러므로 경영학은 기업의 생산 활동에 관심을 갖고 근로자들의 생산성을 향상하는 데 초점을 맞추는 학문입니다"라고 대답했다.

　인간을 잘살게 하는 데 더 중요한 주체가 기업이므로 경제학보다는 기업을 연구하는 게 더 의미 있다고 주장한 것이다. 그럼에도 불구하고 드러커는 자신의 자서전에서 미제스 교수가 "나를 진정한 경제학과 결별한 변절자로 생각했다"고 회고한 바 있다.

　실용성을 중시하는 경영학이 경제학에 비해 실제로 돈을 벌어주는 지식을 준다는 면에서 유용한 것은 사실이다. 하지만 부를 얻고 명성을 얻는 것처럼 인생에서 우리가 원하는 것을 이루기 위해 반드시 필요한 '사고의 틀'을 제공하는 점에서 경제학의 유용성은 매우 높다.

　우리는 인생에서 우리가 원하는 것을 다 가질 수는 없다. 돈이건 시간이건 다른 자원이건 모든 것이 부족하기 때문이다. 이를 희소성이라고 부른다. 개인도, 가정도, 기업도, 국가도 한정된 자원을 갖고 어떻게 하면 원하는 목표를 효과적으로 달성할 수 있는가를 고민한다. 생활인으로부터 시작해서 기업의 경영자나 국가의 지도자 모두 늘 고민하는 것이다. 결국 경제학은 선택의 기로에서 현명한 선택을 하는 방법론을 다루는 학문이다. 언제 어디서나 인간은 선택에서 자유로울 수 없기 때문에 경제학은 현명한 사고를 가능하게 하는 지적 방법론으로서 경영학 못지않게 유용한 학문이다.

현명하지 못한 선택은 개인이나 기업, 국가를 가난이나 빈곤, 위기로 이끈다. 개인적 선택이든 집단적 선택이든 잘못된 선택은 상응하는 비용을 지불하게 만든다. 내가 이 책에서 다루고 싶은 주제는 바로 '현명하게 선택하는 방법'이다. 경제학원론에 새로운 지평을 연 하버드 대학교의 그레고리 맨큐(N. Gregory Mankiw)는 자신의 저서 『맨큐의 경제학』에서 경제학을 명쾌하게 정의하고 있다.

경제학이란 사회가 희소 자원을 어떻게 관리하는가를 연구하는 학문이다. 대부분의 사회에서는 계획자 한 사람에 의해 자원 배분이 이루어지는 것이 아니라 무수한 가계와 기업 간 행위에 의해 이루어진다. 따라서 경제학은 사람들이 어떻게 결정을 내리는가를 연구하는 학문이라고 할 수 있다. 즉, 얼마나 일하고, 무엇을 구입하며, 얼마나 저축하고, 그 저축을 어떻게 투자하는가 등과 같은, 사람들의 의사결정 과정을 연구하는 학문인 것이다. 또한 경제학자들은 사람들이 서로 어떻게 상호 작용하는가에도 관심을 갖는다. 예를 들어 수많은 판매자와 소비자들이 어떻게 상호 작용하여 한 가지 재화의 거래 수량과 가격이 결정되는지 분석한다. 그리고 국민 평균 소득 증가, 실업자 비율, 물가 상승률 등과 같이 나라 경제 전체에 영향을 미치는 변수와 그 추세도 경제학의 연구 대상이다. (그레고리 맨큐, 『맨큐의 경제학』)

이 책은 여러분이 인생에서 구하는 목적, 예를 들어 경제적 부와 명성, 평판 등을 성취하는 데 효과적인 사고 방법과 의사 결정 능력을 제시할 것이다. '생각이 부유하면 삶도 부유해지고, 생각이 가난하면 삶도 가난해진다'는 말처럼 부유한 생각의 틀을 닦으려면 경제학적으로 사고해야 한다.

이 책은 모두 5부로 구성되어 있다. 제1부에서 제4부까지는 개인이 일상생활에서 당면하는 매우 현실적인 문제들을 경제학적 사고를 통해서 분석할 것이다. 이런 과정을 통해 경제학적 사고를 개인의 의사결정에 어떻게 적용할 수 있는지, 목표하는 성과를 극대화하려면 어떤 선택을 하는 게 현명한지 알게 될 것이다.

마지막 제5부는 경제학적 사고를 구성하는 15가지 원리를 개인의 의사결정, 시장의 상호 작용, 그리고 국민 경제의 작동 방식으로 나누어 차근차근 설명할 것이다. 따라서 두꺼운 경제학 서적을 공부하느라 오랜 시간을 투자하고 난 다음에야 배울 수 있는 '현명하게 사고하는 방법'을 알게 될 것이다. 물론 복잡한 수식이나 그래프 같은 것도 없다.

이런 작업이 완결되면 여러분은 모든 문제에 대해서 예지를 더하고 한걸음 나아가 현명한 의사 결정이 낳은 열매를 맛볼 수 있을 것이다.

2006년 12월 공병호

제5장 경제학적 사고로 훈련하기

제1장 부자와 빈자의 경제학

누가 부자가 되는 것인가

과거에는 돈이 아무리 많아도 상품이나 서비스를 선택하는 데 어느 정도 한계가 있었다. 그래서 다들 오십보백보라고 할 정도로 수준이 고만고만했다. 그러나 이제는 다르다. 선택 폭이 거의 무한대가 된 것이다.

과거에 중산층은 고급 외제 차는 꿈도 못 꾸었지만 이제는 그렇지 않다. 거리 곳곳에 깔끔한 외양의 유명 외제 차가 넘쳐난다. 견물생심이라고, '아, 나도 멋진 차를 타고 싶다'는 욕망이 생기지 않을 수 없다. 욕망을 부추기는 사회가 되면 될수록 사람들은 점점 더 '나도 부자가 되고 싶다'고 염원하게 된다. 갖고 싶은 것을 갖지 못하면 마음의 평온이 깨지게 된다.

명품도 마찬가지다. 과거에는 소수만이 구입할 수 있었던 명품이 이제는 대중에게도 전해지게 되었다. 고도화된 자본주의는 사람들로 하여금 더 좋은 상품과 서비스를 소비하도록 끊임없이 부추긴다. 예전처럼 정보가 드물 때는 명품을 사서 사용하는 일이 대다수 사람들의 삶과는 관련이 없는 일이었지만, 이제 광고나 정보는 최고의 부자들만이 누릴 수 있는 호사를 당신도 가질 수 있고 누릴 수 있다고 강조하며 소비를 부추긴다.

그래서 권력을 추구하는 사람도 있고, 명성을 추구하는 사람들도 있지만, 시간이 흐르면 흐를수록 더 많은 사람들이 부를 추구하려 할 것이다. 얼마를 버는지 물어보거나 대답하는 것을 금기시하는 '샐러리 터부'도 많이 희석되어 가고 있다. 근래에는 아예 임원들의 봉급을 공개하자는 이야기도 나오고 있다. 이미 돈을 많이 버는 사람들은 그 어떤 스타보다 높이 평가받는다. 그래서 돈을 많이 벌면 영향력도 커지고, 존귀한 사람이라도 된 듯이 주위에 사람들이 들끓는다.

그런데 과연 '부자 되기'에 왕도라는 것이 있을까? 부자가 되는 법을 어떻게 요약할 수 있을까? 농담 반 진담 반으로 정리해 보면 모두 다섯 가지 정도다.

첫째, 부모로부터 엄청난 유산을 받는 것이다. 그런데 이것은 대단한 행운이 함께하지 않으면 불가능한 일이다. 이따금 부자 부모를 만나 인생을 높은 단계에서부터 시작하는 사람들을 보면 '저 사람들은 어떻게 저런 행운을 타고 났을까?' 궁금할 때도 있다. 그러나 그것은 가능성도 낮고 자신이 어떻게 해볼 수 있는 영역이 아니다.

둘째, 부유한 배우자를 만나는 것이다. 가난한 집에서 태어나 대단한 부잣집에 시집 가거나 장가 가는 것이다. 신데렐라 콤플렉스는 멜로드라마에 자주 등장하는 소재이기도 한데 이런 드라마가 인기가 있다는 것은 많은 사람들이 이런 꿈을 꾸고 있다는 뜻이다. 하지만 이 또한 자신이 어찌 할 수 없는 영역이다.

셋째, 로또나 경마처럼 인생 역전의 대박을 터트리는 것이다. 인간에게는 본래 사행심이 있다. 그래서 복권이나 로또를 사고, 경마장이나 경륜장을 찾으며, 카지노와 성인 오락 게임장을 들락거리는 것이다. 의지가 박약하고 계획적이지 못한 사람들이 대박의 꿈에 인생을 걸기 쉽다. 하지만 이 또한 확률이 아주 낮은 게임이다.

넷째, 총칼을 이용해 타인의 것을 빼앗는 것이다. 그런데 이것은 불법 행위다. 자칫하면 차디찬 감옥에서 콩밥을 먹으면서 인생을 허비할 수 있다.

마지막으로 다른 사람들을 도와줌으로써 부자가 되는 일이다. 다시 말해 다른 사람들이 갖고 싶어하거나 경험하고 싶어하는 가치를 제공해 주고 부자가 되는 방법이다. 시장경제란 것이 주고받는 '교환의 망'인 사실에 주목하면, 세상에는 공짜가 없다는 것은 쉽게 확인할 수 있다. 누군가로부터 돈을 얻고 싶다면 그들이 필요로 하는 것을 줄 수 있어야 한다. 부자가 되는 비밀은 이러한 평범한 사실 속에 숨어 있다. 그래서 경제학은 '공짜 점심이 없다', '세상에 거저는 없다', '모든 선택에는 대가가 따른다'는 사실을 누누이 강조한다.

한편 저명한 미래학자 앨빈 토플러(Alvin Toffler)는 자신의 저서 『부의 미래』에서 보통 사람들이 부자보다 조금 낮은 단계로 '화폐경제에 들어가는 일곱 개의 문'을 소개하고 있다. "팔 수 있는 무언가를 만들어라. 직장을 구하라. 상속을 받아라. 선물을 받아라. 결혼하거나 재혼하라. 복지 혜택을 받아라. 훔쳐라."

자본주의는 촘촘한 교환의 망이다. 사람들은 이런 교환의 망에 참여해 생계를 유지하고, 부를 축적한다. 부자가 되는 사람들은 이제까지 전혀 존재하지 않았던 새로운 교환 가능성의 영역을 만들어냄으로써 부를 축적하기도 하고, 지금까지 존재해 왔지만 낭비가 많았던 부분을 고침으로써 부를 축적한다.

최근에 나는 청소용 로봇을 구입했다. 청소용 로봇을 구매할 능력도 있었지만, 그보다 더 큰 이유는 청소할 시간 동안 쉬거나 일을 하는 것이 더 큰 가치를 창조할 수 있다고 판단했기 때문이다.

이렇듯 청소용 로봇을 만드는 회사는 내가 필요로 하는 것을 정확히 집어냄으로써 나에게 가치를 제공하는 데 성공했고, 나는 그 대가로 일정액을 지불했다.

이처럼 세상의 부란 타인을 도움으로써 만들어지는 것이다. 그러니까 타인을 경쟁자보다 더 저렴하게, 더 많이, 더 빨리 만족시킬 수 있으면 누구든 부자가 될 수 있다. 그러려면 고객들의 필요와 욕구를 다른 경쟁자보다 빨리 알아차릴 수 있는 '기업가 정신'이 필요하다. 고객들에게 대안을 제시할 수 있어야 한다. 즉, 고객의 불편을 해결해 줄 구체적인 방법을 제시해야 하는 것이다.

후배 한 명이 외환 위기 동안 큰 부를 축적했다. 보통 사람들과 마찬가지로 대학을 졸업하고 모 증권회사에 입사해 착실히 근무하던 그는 늘 시대의 변화를 읽기 위해 노력했다. 그러던 와중에 모두가 가치 없다고 인정한 부실 금융기관을 인수해 정상화시킴으로써 상당한 부를 축적했다. 상장회사의 오너가 되었음은 물론이고, 이를 기초로 몇 개의 계열사를 더 늘렸다. 다른 사람들이 쓸모없게 생각한 기업의 가치를 알아본 것이다. 그에게 있었던 것은 기회를 보는 눈이며, 이를 행운으로 바꿀 수 있는 실행력이었다. 큰 부는 이렇게 만들어진다.

뉴욕 대학교에서 오랫동안 기업가 정신을 연구해 온 이스라엘 커즈너(Israel M. Kirzner) 교수는 기업가 정신은 자산의 유무와는 전혀 상관없는 일이라고 말한다. 그러니까 충분한 돈을 갖고 있느냐 그렇지 않느냐는 기업가 정신과 아무 관계가 없다는 말이다. 돈이 하나도 없더라도 누구나 기업가 정신을 발휘해서 부를 얻을 기회를 잡을 수 있다는 것이다. 단 한 가지 전제 조건, 즉 교환의 자유가 허용되어 있는 한도 내에서는 말이다.

'순수' 기업가는 자신이 구매할 수 있는 가격보다 더 높은 가격으로 판매할 기회를 포착한다. 이 말은 결국 누구라도 잠재적 기업가가 될 수 있다는 것을 의미한다. 기업가의 역할은 물려받은 행운과는 상관없기 때문이다. (이스라엘 커즈너, 『경쟁과 기업가정신』)

물론 시장에서 직접 교환하는 사람들만 큰 부자가 되는 것은 아니다. 근래 기업의 내실이 탄탄해지면서 자신의 '전문가적인 지식'을 바탕으로 부를 축적하는 사람도 많다. 이 역시 부자가 되는 법칙 가운데 하나다. 자신을 고용한 사람들에게 상당한 가치를 제공함으로써, 또는 자신이 몸 담은 조직의 가치 창출에 크게 기여함으로써 부를 축적할 수 있기 때문이다.

어떤 사람은 세상과 부모를 원망하기도 한다. 그러나 그러기 전에 스스로 부자가 되기를 소망하고, 소망을 이루기 위해 치열하게 노력하고 있는가를 돌아보아야 한다. 세상이나 이미 지나가버린 과거는 어떻게 해볼 도리가 없다. 부자가 되고 싶은 사람은 자기 자신으로부터 해답을 찾아야 한다. 마케팅 교육 및 헤드헌팅 전문가인 캐시 애론슨(Kathy Aaronson)은 『황금사과』라는 책에서 성공은 자신의 가치를 재발견하는 것임을 '내 안에 숨겨진 황금사과를 찾아라'라고 은유적으로 표현했다. 부자가 되고 싶은데 누군가를 만족시킬 수 있는 무언가가 없거나 부족하다면 만들어내야 한다.

경제학으로 훈련받은 사람들조차 경제인을 주어진 자원을 최적으로 배분하는 사람 정도로만 생각한다. 그러나 현실 경제에서 활발히 활동하는 경제인은 주어진 자원을 최적으로 배분하는 역할 외에 한정된 자원으로 더 큰 가치를 만들어내려고 헌신하는 사람이다.

교환의 자유가 충분히 보장되어 있는 한 기회는 얼마든 있다. 그 기회를 정확하게 알아차릴 수 있는 능력을 갖추는 건 자신의 몫이다.

인생 경제학 원리

거저 부자가 되는 게 아니다. 고객을 경쟁자보다 더 잘 만족시킬 수 있을 때 부의 문이 열린다. 교환의 자유가 보장되는 한 기회는 누구에게나 있다. 재산의 유무는 기회를 만들어내는 기업가 정신과는 아무 관계가 없다.

자영업, 아무나 할 수 있을까

사람들마다 가는 길이 다르다. 회사에 취직해 승진해 가는 사람이 있는 반면, 자신의 재능으로 스카우트되는 사람도 있다. 이들 중 중간에 조직을 뛰쳐나와 자기 사업, 이른바 자영업을 시작하는 사람도 있다. 그중에서 성공한 사람이 얼마나 되는지는 정확히 알 수는 없지만, 확률은 무척 낮을 것이다. 어쨌든 자영업자로 살아가기로 결정한 사람들은 진실로 '터프'한 길을 가기로 결정한 사람들이다.

조직에 있을 때는 아무리 걸출한 성과를 올려도 만족할 만한 보수를 받기가 어렵다. 걸출한 인물이나 우수한 인물, 평범한 인물 그리고 모자라는 인물을 다 함께 이끌어가야 하는 것이 조직이기 때문이다.

고용하는 사람과 고용된 사람 사이에는 언제나 비대칭의 문제가 존재하게 된다. 고용주는 할 수 있는 한 최대한의 보상을 해주고 있다고 생각하고, 유능한 사람일수록 자신이 거둔 성과에 비해 보상이 적다고 생각하기 때문이다.

물론 여기서 보상이란 물질적인 보상과 직책이 주는 안정감이나 품위와 같은 비물질적인 보상이 포함되어 있으며, 단기적 보상뿐만 아니라 중장기에 걸친 보상 문제가 포함되어 있다.

고용주와 종업원 사이에 보상을 둘러싼 비대칭의 문제가 존재하는 한 조직을 떠나 자신의 사업을 시작하려는 것을 막을 수는 없다. 가능성의 영역 자체가 제한된 과거에는 선택된 소수 사람들만 부자가 된다고 생각했기 때문에 자신의 직업이나 직책에 대한 만족도가 높았지만 이제는 그렇지 않다. 게다가 유능한 사람들일수록 가보지 않는 길에 대한 기대를 억제하기가 힘들다.

이 글을 쓰는 지금은 불황기인 까닭에 가급적이면 고정적인 보수를 보장해 주는 안정된 직장을 선호한다. 그러나 조금만 경기가 호전되면 이런 분위기도 사라질 것이다. 창업을 부추기는 분위기는 항상 수면 아래에 잠복해 있다. 미래를 전망하는 데 높은 명성을 얻고 있는 해리 S. 덴트(Harry S. Dent)는 부를 축적하는 방법에 대해 이렇게 말하고 있다.

새로운 부의 패러다임은 점점 더 많은 사람들이 자신의 비즈니스를 갖거나 재택근무를 하면서 소득과 재산을 창조하는 것이다. 부를 축적하는 최고의 방법은 자신의 사업, 특히 체계적으로 확장되고 팔릴 수 있는 사업을 갖는 것이다. 자영업자로 분류되는 가구의 비중이 점점 더 늘어나고 있다. 노동자의 10퍼센트만이 〈포춘 500〉에 속하는 대기업에 고용되어 일한다.

마지막 진실: 과연 자신의 비즈니스를 갖는 것이 부를 축적할 수 있

는 최선의 방법인가? 처음에는 부동산으로 시작하는 경우가 종종 있지만, 부를 축적할 가장 큰 기회는 아무래도 자신의 비즈니스를 시작하는 데 있다. 앞으로는 더할 것이다. (…) 1980년대 초반부터 주식 보유자가 급증하기 시작한 것에서도 알 수 있듯이, 부유한 계층의 부의 증가는 대부분 자영업이나 자신의 비즈니스를 시작하는 비율이 급증했기 때문이다.

소득 최상위 1퍼센트 가구 중 자영업자의 비중은 1983년의 37퍼센트에서 1998년에는 70퍼센트로 급증했다. (…) 이러한 추세로 미루어 향후 수십 년 내에 자영업자가 차지하는 비중이 약 70퍼센트에 달할 것이라고 예측해도 별 무리가 없을 것이다. (해리 S. 덴트, 『버블 붐』)

물론 해리 S. 덴트는 미국 사회를 기초로 견해를 밝히고 있지만, 자영업자들 가운데 부를 축적하는 사람은 계속 늘어날 것이다.

언젠가 지방에서 학원업에 뛰어들어 큰 성공을 거둔 L씨를 만난 적이 있다. 그는 자신의 길을 제대로 잡아준 아버지께 매우 감사한다고 이야기했다. L씨는 학업에서 그다지 큰 성과를 거두지 못했지만, 친구들에게 동기부여를 하는 등 인간관계를 맺고 유지하는 일에는 뛰어났다고 한다. 이러한 능력을 지켜본 아버지가 "너는 직장 생활을 하는 것보다 사업을 하는 것이 낫겠다. 지금은 친구들에 비해 보잘것 없어 보일지 모르지만, 10년만 지나면 큰 차이를 만들 수 있을 것이다"라고 조언했다고 한다. 그는 이제 엄청난 부는 아니더라도 자신이 의도한 대로 인생을 살 정도의 능력은 갖게 되었다고 자신했다.

그러나 그처럼 성공하는 인물 뒤에는 패배하는 다수의 사람들이 있음을 잊어선 안 된다. 의사 결정을 할 때 곰곰이 생각해 봐야 할 것은 리스크다. 성공에는 기꺼이 불확실함을 감수한 대가가 들어 있다. 부의 중심에는 리스크가 자리하고 있는 것이다.

리스크가 전혀 없는 곳에서는 부를 창출할 가능성도 거의 없다. 어쩌면 살아 움직이는 모든 단계가 위험일지도 모른다. 거래처 사람들을 만나기 위해 약속 장소에 나가는 일부터 바이어를 만나러 출장을 가는 일에 이르기까지 크고 작은 리스크가 따르게 마련이다. 그래도 이 정도의 리스크는 나은 편이다.

자영업을 시작하게 되면 직장 생활을 하면서는 도저히 상상할 수 없을 만큼의 리스크를 안아야 한다. 정해진 봉급이 아예 없다는 것부터가 얼마나 큰 리스크인가? 여기에다 결과물이 기대한 것처럼 나오지 않는 경우 사업에 투입된 돈은 모두 버릴 수밖에 없다.

도올 김용옥은 교수라는 안정적인 직장을 떠나 지식으로 자기 사업을 일으킨 인물이다. 그는 사람들에게 '김용옥'이라는 확고한 브랜드를 인식시키며 누구나 부러워할 만한 위치를 차지했다. 그러나 그도 살아가는 것이 아슬아슬함 그 자체라고 말한다.

프로 지식인으로 사는 게 얼마나 힘든지 안 살아본 사람은 상상도 못할 거예요. 요즘은 인문학의 위기라 상황이 더욱 어려워요. 사립대 교수 연봉이 한 7천만 원쯤 될 거예요. 내가 그 정도 벌려면 1만 원짜리 책을 7만 권 팔아야 해요. 요새는 책이 안 나가서 일반 교수들 정도의 생활 수준을 유지하려면 끊임없이 지적 활동을 하지 않으면 안 되는 상황이에요. 그나마 방송하고 연계하는 등 새로운 방식을 개척해 왔는데도 요즘에는 불가항력적인 것 같은 느낌이 들어요. (《한겨레신문》, 2006. 9. 23)

안정과 리스크 사이에서 무엇을 선택할 것인가? 장기적인 관점에서 정년이나 명퇴 등도 계산해 현명하게 선택해야 할 것이다. 현주소가 이제까지 내린 다양한 선택의 결과물이라고 볼 때 조직에 머물 것인가, 아니면 조그만 것이라 하더라도 나만의 사업을 할 것인가에 따라 미래의 자신과 가족의 모습이 결정된다.

누구도 미래를 확실히 알 수 없다. 그러나 '경제학적 사고'로 접근하면 불확실한 미래도 성공할 수 있다. 우선은 팔릴 수 있는 상품이나 서비스가 독특하지 않으면 어려움을 겪을 수밖에 없다. 이를 두고 우리는 흔히 '대체 탄력성'이란 용어를 사용하기도 한다. 이미 여러분의 주력 상품이나 서비스를 대체할 상품이나 서비스가 얼마든 존재한다면 이는 여러분이 무한대의 완전 경쟁 시장에 뛰어들었다는 것을 뜻한다. 완전 경쟁 시장은 이론적으로 초과 이윤이 거의 남지 않는 시장을 말한다. 그야말로 출혈 경쟁이 진행되는 곳이다. 경제학 교과서에서 실제로 다루는 완전 경쟁 시장은 대부분 현실 경제에서 볼 수 있는 시장이다. 모방하기 쉽고 공급하기 쉬운 상품이나 서비스를 너도 나도 갖고 뛰어든다면 장시간 노동에 이윤은 거의 남지 않는 상황이 될 것이다. 여기서 고정관념을 버리고 '독점'이란 단어를 막 사업을 시작한 자신만의 버전으로 재해석해 볼 필요가 있다. 한 분야에서 오랫동안 존속해 온 대기업들만 독점을 누릴 수 있는 것은 아니다.

밀랜드 M. 레레(Milind M. Lele)는 『독점의 기술』에서 독점을 '이익을 남길 수 있을 만큼 충분한 기간 동안 소유할 만한 사업 영역이나 공간을 지배하는 것'으로 정의한다. 자영업을 시작하려는 사람은 자신의 주력 상품이나 서비스에 독점력을 가질 수 있는 요소가 어떤 게 있는지 따져봐야 한다. 물론 사업을 시작하면서부터 갖출 수도 있고 사업을 발전시켜 나가는 과정에서 발견할 수도 있다. 경제학에서는 상품이나 서비스를 판매하거나 공급하는 사람 혹은 조직이 하나인 경우를 독점으로 해석하지만, 밀랜드 M. 레레가 말하는 것처럼 '소유할 만한 공간'이나 '충분한 기간'이란 두 가지 관점에서 자신의 일을 검토해 볼 필요가 있다. '소유할 만하다'는 것은 특정 사업 영역이나 공간을 배타적으로 지배할 수 있고 수익성도 있다는 뜻이다. 인간답게 비즈니스를 해 나가려면 확실히 경쟁자와 차별화할 수 있는 독점력을 가져야 한다.

자, 그러면 다시 원론적인 질문을 던져보자. 자영업은 누구나 할 수 있을까? 나의 솔직한 대답은 '그렇지 않다'이다. 그렇다면 왜 이렇게 귀한 지면을 이 주제를 다루는 데 쓰는가? 지금 당장 가능한 일은 아니지만 미래의 선택 가능한 대안으로 삼게 되면 삶의 태도가 달라지기 때문이다.

현업을 대하는 태도나 마음가짐도 질적인 면에서나 양적인 면에서 크게 성장할 수 있다. 그래서 나는 젊은이들을 상대로 강의를 할 때면 "인생의 어느 시점에서건 자신의 사업을 하려는 생각을 갖고 살아가는 게 중요하다. 그러한 마음가짐을 갖고 살아가면 그렇지 않은 사람들에 비해 직장 생활에서도 크게 성공할 것"이라고 강조한다.

❝ 인생 경제학 원리

사람들은 어느 시점에 가면 자기 사업을 할 필요를 느끼게 된다. 가장 큰 이유는 경제적 보상에 만족할 수 없기 때문이다. 자기 사업을 시작하기 전에 안정과 리스크 중 어디에 비중을 더 둘 것인가를 결정해야 한다. 그리고 사업을 시작할 때는 항상 독점과 대체 탄력성을 생각해야 한다. 자신만이 할 수 있는 것, 즉 독점력을 가져야 성공한다. ❞

3. 맞벌이는 리스크의 분산이다

예외가 있기는 하지만, 가장 혼자 벌어서 아이들을 키우고 노후를 준비하기가 만만치 않은 시대가 되었다. 게다가 돈을 써야 할 곳은 날로 늘어난다. 이제 맞벌이는 보편적인 일이다.

선진국도 맞벌이가 점점 늘어나고 있다. 미국 노동부의 통계에 따르면 여성이 전체 노동력의 46퍼센트를 차지한다. 우리도 만만치 않다. 재단법인 서울여성이 발간한 자료에 의하면, 2005년도를 기준으로 서울의 여성 경제 활동 인구가 217만 명, 참여율이 52퍼센트라고 한다. 물론 75.3퍼센트인 남성에 비해서는 낮은 편이지만, 2002년에 서울의 여성 경제 활동 참여율이 49.7퍼센트였음을 고려하면 꾸준히 증가하고 있음을 알 수 있다. 앞으로도 저출산 추세에서 노동력 문제를 해결하려면 아무래도 여성들이 사회 진출을 활발히 할 것이고, 그러다 보면 여성 경제 활동 참여율도 계속 상승할 것이다.

한편 경제 활동 인구 표본 조사(3만 3천 가구) 자료를 분석한 《조선일보》 송양민 선임기자에 따르면 분석 대상 가운데 30퍼센트가량이 맞벌이 가구였다고 한다. 일본 45퍼센트, 미국 60퍼센트 대에 비해 아직 낮은 수준이지만, 30대 부부들의 맞벌이 비중이 거의 80퍼센트에 육박해 젊은 세대일수록 맞벌이 비율이 훨씬 높다. 젊은 세대는 육아 못지않게 직업인으로서의 경력에도 큰 가치를 두기 때문에 맞벌이가 대세를 이룰 것이다.

송양민 기자의 표본 조사 분석 결과(2006년 기준)에 따르면 '맞벌이 가구의 비율은 30퍼센트, 월평균 소득 370만 원, 그리고 저축률은 평균 10~15퍼센트에 불과하며, 혼자 버는 가계의 평균 소득이 299만 원보다 불과 24퍼센트가량, 즉 72만 원 정도 더 벌고 있다.' 이는 맞벌이 여성들의 일자리가 주로 정규직이 아니라 파트타임잡에 머물고 있다는 것을 뜻한다. 참고로 서울의 경우 2005년 기준으로 여성 임금 근로자의 64.1퍼센트가 임시 및 일용직 근로자로 나타났다.

요컨대 부족한 생활비를 보충하려는 '생계형' 맞벌이가 많은 것이다. 추정컨대 아이들에게 들어가는 사교육비 부담에 따른 현상일 것이다. 가계 지출 가운데 굵직한 부분을 차지하는 사교육비는 거의 고정비 성격이라서 웬만해서는 줄일 수 없기 때문이다.

가족은 하나의 독립된 경제 단위다. 가계는 수입과 지출의 주체가 된다. 모든 경제 주체들이 그렇듯이 가계는 수입과 지출의 균형을 유지할 책임이 있다. 만일 지출이 수입을 초과하게 되면 그만큼 부채가 발생한다. 그러면 가계는 수입원을 늘려 많은 수입을 거두려고 노력하게 된다.

맞벌이는 추가적인 수입원을 확보하는 데 의미가 있다. 물론 20, 30대 여성은 여성이라고 해서 결혼과 동시에 자신의 경력을 희생해야 한다고 생각하지 않기 때문에 맞벌이를 할 테지만 가계를 하나의 경제 단위로 접근해 보면 수입원을 확보하기 위해 맞벌이를 한다고 생각할 수 있다.

그런데 맞벌이를 함에 있어 한 가지 간과해선 안 되는 것이 가사 노동이 지닌 가치다. 맞벌이를 하게 되면 누군가가 가사 노동을 대신해 주어야만 한다. 가계는 공짜로 운영되지 않는다. 가계가 처리해야 하는 일들, 청소를 하고, 정리정돈을 하고, 밥을 하고, 아이를 키우고, 옷을 세탁하는 등과 같은 일들이 외부에 맡겨진다. 마치 기업들이 자신의 부가가치가 낮은 활동을 아웃소싱하는 것처럼 가계 역시 맞벌이를 하면서 전통적으로 가계 내부에서 자신의 노동력으로 처리하던 일들을 바깥에 맡기게 된다. 그렇기 때문에 수입에는 못 미치겠지만 어떤 형식으로든 지출이 늘어날 수밖에 없다.

몇 해 전, 말레이시아를 잠시 여행하는 동안 저녁식사를 외식으로 해결하는 사람이 의외로 많다는 것을 알았다. 날씨가 더운 탓도 있겠지만, 저녁식사를 간편하게 외식으로 해결하는 일이 하나의 문화로 자리 잡은 듯했다. 이런 현상은 싱가포르, 홍콩, 대만 등과 같이 인구수가 적어 여성들이 일하지 않을 수 없는 나라에서는 거의 보편적인 현상이다. 노동력 부족 만큼 여성들이 일을 하기 때문에 아예 부엌조차 없는 집도 있다고 한다. 맞벌이 가계들은 특별한 조치를 취하지 않는 한 지출도 늘어나는 구조를 가질 수밖에 없다. 이처럼 맞벌이에는 다른 경제 현상과 마찬가지로 빛과 그림자가 있다.

여성들의 사회 진출이 늘어나면 아무래도 아이를 낳아 키우는 것을 특별히 좋아하지 않는 한 아이도 적게 나을 것이다. 일을 하면서 아이를 키우는 일이 만만치 않기 때문이다. 그러나 이처럼 그림자만 있는 것이 아니라 빛도 있다. 가계가 자신이 전통적으로 처리해 왔던 일들을 외부에 맡기기 시작하면서 가계와 직간접적으로 연결된 일을 대행하는 서비스와 상품들이 활발하게 등장하기 때문이다.

대형 청소 로봇이 인기를 끄는 이유도 맞벌이와 무관하지 않다. 각종 국거리, 반찬거리 등을 일정한 시간에 배달해 주는 서비스 역시 마찬가지다. 과거 같으면 전혀 기대할 수 없었던 종류의 서비스들이 점점 더 많이 등장할 것이다. 원하든 원하지 않든 가계 활동 가운데 상당 부분이 외부로 맡겨질 것이다.

맞벌이를 하는 사람들은 더 나은 미래를 위하여 맞벌이를 하고 있다. 그러므로 지출을 통제하는 게 중요하다. 이 부분에 실패하면 맞벌이의 이익을 얻기 힘들다. 그런데 한번 늘어난 지출은 줄이기가 몹시 어렵다. 늘어나는 것은 쉽지만 줄어드는 것은 어렵다. 그래서 재테크 전문가들이 맞벌이를 하는 사람들에게 하는 조언이 있다. 그것은 "아이들이 어릴 때 종자돈을 모아야 한다"는 것과 "어렵더라도 두 사람의 소득 가운데 한 사람 몫은 저축을 해서 투자를 위한 종자돈을 마련하라"는 것이다.

아이들의 교육비가 본격적으로 지출되는 시점이 되면 저축하기가 힘들다. 부모 입장에서 아이들의 사교육 부분은 선택의 여지가 없기 때문이다. 저축을 해서 종자돈을 일찍 마련할 수 있느냐 없느냐에 따라 미래를 위해 투자를 할 시기가 결정된다.

두 사람이 함께 버는 생활양식이 보편적인 모습으로 자리 잡아가고 있지만, 전체적인 직업 시장의 상황은 지금보다 크게 나아질 것 같지는 않다. 여성들은 공직과 같이 상대적으로 안정된 직장을 제외하면, 보수 면에서 '괜찮은 직장'을 갖기가 어렵다. 그 결과 앞에서 말한 표본 조사 결과가 보여주듯이 맞벌이는 생계를 유지하는 데 조금의 도움이 되는 것에 그치고 말 것이다.

그러나 맞벌이는 경제 전체로는 새로운 수요를 창출한다. '절약의 역설'이 말해 주듯이 한 사람의 절약이 그 개인에게는 도움이 될지 모르지만 경제 전체로는 그렇지 않다. 교환이 활성화되지 않아 경제가 침체되기 때문이다. 그러므로 지갑 속에 돈을 넣는 것만 중요한 게 아니라 제대로 소비해 주는 것도 중요하다.

경제 전체의 입장에서 보면 맞벌이는 투입 증가에 따른 생산량 증가를 의미한다. 한 사람의 인력이 더 투입되어 국내총생산을 높이므로 경제에 긍정적인 효과를 끼친다. 국내 취업자 약 2,200만 명 가운데 42퍼센트가 여성이고, 이들 가운데 80퍼센트가 기혼 여성이라고 추정해 보자. 평균적으로 여성 임금이 남성 임금의 65퍼센트 수준에 머물고 있다는 점을 고려하면, 국내총생산의 약 22퍼센트는 기혼 여성들이 만들어내고 있는 것이다.

개인적인 측면에서 맞벌이의 중요한 효용을 한 가지 더 언급할 필요가 있다. 맞벌이란 리스크를 적극적으로 분산하는 선택이다. 두 사람 모두 직업을 갖고 있다면, 두 사람 가운데 한 사람이 적절한 리스크를 안고 좀더 나은 일을 해볼 수 있는 것이다. 이것은 살아가면서 결코 무시할 수 없는 부분이다.

가계가 추구하는 목적과 기업이 추구하는 목적은 다르다. 가계의 목적은 행복이고, 기업의 목적은 이익이다. 그러나 추구하는 가치는 달라도 두 조직이 모두 갖추어야 할 공통점은 리스크를 적절히 분산해야 한다는 것이다. 두 사람 가운데 한 사람이 예기치 않은 일을 당한다고 가정해 보자. 물론 보험 같은 수단을 통해 리스크를 분산시키려고 노력하지만, 사실 가장 좋은 수단은 각자가 소득원을 갖고 있는 것이다.

문제는 가족 구성원들 사이의 역할 분담이다. 시대가 바뀌면 부부의 역할도 변할 필요가 있다. 요즘의 젊은 남편들은 전처럼 가부장적이지 않다. 함께 일한다면 가사에 대한 분담 역시 부부가 새로운 역할 모델을 찾아야 한다. 이런 내부적인 합의와 협력 관계만 조성되면 맞벌이는 기꺼이 받아들일 수 있는 대안이 될 수 있다.

인생 경제학 원리

맞벌이는 수익 증가와 리스크 관리라는 측면에서 현명한 선택이다. 맞벌이는 성장의 발판을 만드는 데 도움이 된다. 더 나은 기회를 잡기 위해 두 사람 가운데 한 사람은 기꺼이 리스크를 안을 수 있어서 좋다. 이는 기업이 현금 수입이 풍부할 때 새로운 사업으로 영역을 다각화하는 것과 같다.

4 장기투자의 매력, 땅

누구나 어제보다는 오늘이, 오늘보다는 내일이 더 낫기를 원한다. 열심히 저축해 종자돈을 만들어 이를 어떻게 하면 좀더 불릴 수 있을까 고민하는 것도 이 때문이다. 제대로 된 금융 상품을 찾아보기 어렵던 시절, 사람들은 재테크 수단으로 땅이나 집을 샀고 실제로 여러 사람들이 높은 소득을 올렸다. 그래서 '재테크' 하면 땅이나 집을 사두는 일부터 떠올리는 동시에 땅을 소유하는 것은 '투기' 라는 생각도 갖게 되었다. 일부에서는 '토지 공유'를 대안으로 생각할 만큼 토지 소유에 대한 인식이 좋지 않다. 그러나 많은 사람들이 내놓고 이야기하지 않지만 가능하면 수익이 많이 생길 땅을 사두려고 노력한다. 근래에 정부가 부동산 투기 억제책으로 보유세와 거래세 그리고 양도세와 같은 조치들을 대폭 강화한 것은 이 같은 현상을 대변한다.

그런데 주식 가격 상승에서 오는 소득은 불로소득이라고 생각하지 않으면서, 유독 땅값 상승에서 발생하는 소득은 불로소득이라고 생각하는 것이 옳을까? 진실로 주식 가격 상승에서 오는 소득은 건강한 소득이고 땅값 상승에서는 오는 소득은 불건전한 소득일까?

먼저 생각해 봐야 할 것은 땅은 누군가가 소유할 때가 그렇지 않을 때에 비해 생산적이라는 점이다. '공유의 비극'이란 말을 들어보았을 것이다. 모두가 함께 소유한 것은 아무도 돌보지 않는다. 모두가 목초지를 남용하는 것과 마찬가지로 땅 역시 모두의 소유가 되면 아무도 돌보지 않는다. 땅이 가진 생산성을 최대로 올리는 방향으로 사용하지 않는 것이다. 하지만 개인이 땅을 소유하게 되면 땅은 일종의 비축 혹은 저장 기능을 갖게 된다.

나대지도 개발하기에 가장 좋은 시점을 기다리는 땅으로 보면 된다. 따라서 토지를 사유화하는 것은 더 효율적으로 사용하려고 기다리는 것으로 이해할 수 있다. 지금 존재하는 땅을 효율성이 떨어지는 용도로 사용해서는 안 된다. 땅 역시 유한한 자원이기 때문에 아껴서 사용해야 한다. 토지 공개념이 유행하던 시절이 있었다. 1990년대 초반, 토지초과이득세, 택지소유상한제 그리고 개발부담금 등이 있었다. 실질적으로 남아 있는 제도는 거의 없지만 우리가 갖고 있는 토지에 대한 고정관념을 생각해 보면 언제든 재등장할 수 있는 제도들이다.

이들 가운데 토지초과이득세는 건축물이 지어져 있지 않은 '유휴토지'로부터 초과 이윤의 50퍼센트를 세금으로 징수하는 제도다. 다시 말해 유휴 토지에 건축물을 빨리 짓게 유도하려고 만든 제도다. 그러나 이 제도는 본의 아니게 토지의 낭비를 촉진하는 제도가 되었다. 민간이 적정 개발 시점까지 토지를 비축하는 것이 자신을 위해서나 사회 전체를 위해서도 도움이 되는데, 이 제도대로 하면 중과세를 피하려고 효율성이 낮아도 우선 토지를 개발한다. 자유기업원 원장으로 있는 김정호 박사는 이 제도가 가져오는 폐해에 대해 다음과 같이 이야기한다.

유휴 토지를 보유하는 이유는 대개 기다렸다가 고밀도로 이용하기 위해서다. 자기 땅에 고층 빌딩을 짓고 싶은데, 지금 당장 지으면 미분양이 될 것 같을 때가 많다. 그럴 때 토지 소유자들은 당장 저층 건물을 짓기보다는 고층 건물을 지을 수 있는 여건이 될때까지 기다리게 마련이다. 사회 전체의 관점에서 봐도 그렇게 하는 것이 합리적이다. 기다리는 동안 유휴지 상태로 남아 있겠지만, 분양도 안 될 것을 지어서 놀리느니 빈 땅으로 놔두는 것이 더 효율적이기 때문이다.
이런 상황에서 유휴지에 대해 세금을 무겁게 매기면 울며 겨자 먹기로 개발하겠지만, 염두에 두고 있던 것보다 밀도를 낮추어 저층 건물을 지을 수밖에 없다. 5년 기다렸다가 10층짜리 건물을 지으려고 했던 사람이라도 지금 당장 지으라고 하면 3층짜리 건물을 짓고 말 것이다. 이 숫자는 단기적으로는 공급이 늘지만 장기적으로는 공급이 준다는 사실을 쉽게 이해하게 해준다. (김정호, 『땅은 사유재산이다』)

눈에 보이는 효과만 생각하면 이처럼 무리한 정책을 펼 수 있다. 경제학이 우리들에게 가르쳐주는 것은 눈에 보이는 '1차 효과'만이 아니라 눈에 보이지 않는 '2차 효과'까지 충분히 고려해 정책을 펴라는 것이다. 그런데 눈에 보이는 것은 믿기 쉽지만, 눈에 보이지 않는 것은 이성을 동원하지 않으면 알아차리기가 어렵다. 이성은 에너지를 이용해 두뇌를 사용해야 하는 고된 일이다. 그렇기 때문에 1차 효과만 고려한 정책이나 정치적인 선동에 넘어가기 쉽다.

토지 소유가 가진 또 하나의 기능은 땅을 자본으로 만들어준다는 점이다. 땅을 담보로 새로운 자본을 창출할 수 있다. 신용대출보다는 담보대출이 관행인 상황에서 토지는 새로운 자본을 만들어내는 기초다. 『자본의 미스터리』로 명성을 얻은 페루의 자유주의 경제학자인 헤르난도 데 소토(Haernando de Soto)는 가난한 나라들의 여러 가지 약점 가운데 하나는 자신들이 이미 충분히 갖고 있는 토지나 주택과 같은 재산을 자본으로 바꾸는 데 실패하는 것이라고 말한다. 가난한 나라일수록 토지나 주택 등에 대한 사유재산권 제도가 명확하지 않기 때문에 토지나 주택을 담보로 해 새로운 자본을 창출하기가 불가능하다는 이야기다.

그의 주장에 의하면, 가난한 나라에서 토지나 주택에 대한 소유권만 명확하다면 국제기구로부터 엄청난 돈을 빌리는 악순환을 피할 수 있다고 한다. 땅이 자본 창출에 이바지하기 때문이다.

그런데 이 주장에 대해 반론을 펴는 사람들도 있다. 자본과 달리 토지는 인간의 노력에서 나온 산물이 아니기 때문에 공유하는 게 좋다는 것이다. 어떤 사람들은 토지는 천부적인 자원으로 인간이 필요하다고 해서 늘릴 수 없다고 말한다. 다시 말하면 절약해 만들 수 있는 자본이나 필요할 때 생산할 수 있는 상품과는 아주 다른 재화라는 것이다. 그러나 사람이 지금 토지를 갖고 있다면 누군가로부터 공짜로 얻은 것은 아니라 자신이 노력해 만들어낸 소득으로 합당한 가격을 지불한 후 소유한 것이다. 그렇기 때문에 토지는 인간의 노력에서 나온 것이 아니라는 주장은 타당성이 없다. 게다가 토지 공급이 제한되어 있다는 것도 별로 설득력이 없는 이야기다.

토지 가격이 높아지면 간척과 같은 형식을 통해 토지 공급을 늘릴 수 있다. 뿐만 아니라 가격이 낮을 때는 아무도 눈길을 돌리지 않던 토지를 가격이 높아지면 찾게 된다. 석유를 개발하는 것과 마찬가지다. 사람들은 석유 매장량이 제한되어 있기 때문에 가격 폭등이 불가피하고, 화석 연료 공급이 불가능하다고 주장하기도 한다. 그러나 1970년대의 암울한 석유 위기 이후, 석유 가격 폭등 같은 문제는 발생하지 않고 있다. 지금도 석유 가격이 오르면 자연스럽게 공급량도 늘어난다. 채굴에 따르는 채산성이 좋아지면서 채굴하기 어려운 곳에 있는 석유까지 찾아내 활용하기 때문이다.

토지는 나대지나 그린벨트 등과 같이 손을 댈 수 없던 지역에서 얼마든 공급을 늘릴 수 있다. 어렵다, 어렵다 하지만 수도권 일대만 하더라도 넓힐 수 있는 토지는 여전히 많다. 그린벨트가 아니라 그린벨트 가운데서도 비닐벨트로 둘러싸인 토지, 즉 비닐벨트화되어 있는 곳에도 토지는 얼마든 있다.

그런데 땅과 관련해서 강력한 심정적 동조를 얻어내는 것은 바로 불로소득이란 단어다. 땅값 상승은 땅 주인이 잘해서 발생하는 것이 아니라 사회 전체가 만들어낸 소득, 즉 불로소득이기 때문에 사회의 몫이라는 것이다. 이런 전형적인 주장을 인용해 보자.

우리 모두가 알고 있듯이 토지에서 이익이 발생하는 것은 자연적·정부적·사회적·경제적 원인에 기인한다. 즉, 경관이 수려하다든가, 정부가 도로나 학교, 기차역을 세운다든가, 아니면 사람들이 공동체를 이루어 모여 살게 되면서 토지 가치가 발생한다. 따라서 사회 전체가 노력해 생산한 토지 가치를 사회 전체가 공유하는 것이 사유재산제에 정확히 부합하는 것이다. 바로 이런 이유 때문에 토지에서 발생하는 이익을 사유화하는 것을 가리켜 불로소득이라고 하는 것이다. (《오마이뉴스》 2006. 3. 23)

여러분이 10여 년 전에 아무도 거들떠보지 않던 조그만 토지를 노후에 집을 짓고 살기 위해 2백여 평 사 두었다고 하자. 돈을 가전제품이나 새 차를 사는 데 소비해 버릴 수도 있었지만, 은행 융자를 더해 일종의 투자를 한 것이다. 그 당시를 생각해 보면 누구도 주변이 무엇이 생겨날지 아무도 몰랐을 것이다. 별다른 욕심 없이 그냥 소일거리로 농사를 지어왔다고 하자. 그렇다고 해도 소비가 가져다주는 당장의 편안함과 즐거움을 물리치고 미래를 위해 분명히 투자를 한 셈이다.

그런데 주변에 대기업의 공장이 들어서 땅값이 상당히 올랐다고 상상해 보자. 불로소득을 주장하는 사람들의 논리에 따르면, 대기업이 들어옴으로써 땅값이 상승했으므로 땅 주인의 소득이 아니라 그 원인을 제공한 대기업의 소득이 되어야 한다. 터무니 없는 주장이다.

미래의 기회를 알아차릴 수 있는 민첩함과 현명함은 부를 만드는 원천이다. 동시에 행운도 한 가지 원천이 될 수 있다. 토지라는 것은 가격이 높아지면서 공급량을 무한정까지는 아니라 할지라도 상당 부분 가변적으로 늘릴 수 있는 일종의 재화와 비슷하다. 토지는 사적 소유를 인정해야 공유 상태에 비해 더 잘 관리되고 그로 인해 가치 상승이 가능해진다. 뿐만 아니라 새로운 자본을 공급하는 담보로도 활용될 수 있다. 땅에서 발생한 소득이 사회가 만들어낸 것이기 때문에 국가나 지방자치단체가 마음대로 빼앗아갈 수 있다는 주장은 논리적으로나 이론적으로 옳지 않다.

우리 사회는 유독 땅에 대한 투자만 두고 불로소득이란 주홍 글씨를 붙인다. 그렇게 비난하는 사람들 머릿속에는 '땅 투기＝사회적 기생충'이라는 등식이 들어 있는지도 모른다. 그러나 앞에서 살펴본 바와 같이 자신의 재산을 땅에 투자하는 것은 다른 투자 활동과 차이가 없을 뿐만 아니라 충분히 긍정적인 효과가 있다. 사회적인 통념에 그렇게 연연할 필요가 없다. 다른 투자에 비해 먼 미래를 보고 행하는 투자 정도로 생각하면 된다.

인생 경제학 원리

땅값 상승에 따른 이익은 불로소득이 아니다. 토지를 사적으로 소유하는 것은 효율적인 사용을 위한 비축이기도 하다. 따라서 토지 정책은 지금 당장 눈에 보이지 않는 2차 효과까지 고려해서 결정해야 한다. 자원이 희소할수록 사유재산을 인정하는 것이 공급을 증가시키는 데 큰 효과가 있음을 기억할 필요가 있다. 그래서 토지 소유는 투기가 아니라 장기적인 안목을 갖고 행하는 투자다.

5. 금리의 예언

금리는 신문이나 잡지의 경제면에 자주 등장하는 단어다. 금융이 돈을 빌리고 돈을 쓰는 일련의 행위라면, 금리는 돈을 빌려서 사용하는 사람과 돈을 빌려주는 사람 사이에 주고받는 대가를 말한다. 한마디로 돈의 가격이라고 보면 된다.

모든 재화와 서비스 가격에 각종 정보가 녹아 있듯이 금리 또한 시중의 자금 수요와 공급에 대한 다양한 정보가 녹아 있다. 그렇기 때문에 돈을 빌리는 사람과 빌려주는 사람들은 금리에 따라 생산, 저축 그리고 소비 등과 관련된 행동을 결정하게 된다. 또한 금리는 호황인지, 불황인지, 어느 분야가 상황이 좋은지 등과 같은 경제 상황을 시시각각으로 알려주는 계기판 역할을 한다.

시중에 돈이 많이 풀려서 부동산 가격이 들썩거리고 난 다음, 한국

은행이 콜금리(call rate)를 인상하는 시점에 나온 다음 신문 기사를
보면, 금리라는 것이 보통 사람들의 경제 활동에 얼마나 큰 영향을
미치는지 짐작할 수 있다.

콜금리가 또다시 0.25퍼센트 포인트 인상되면서 대출자들이 직격탄을
맞게 됐다. 특히 빚을 내서 내 집을 마련한 사람들은 종합부동산세 등 정
부의 세금 폭탄에다 금리 폭탄까지 더해져 부담이 가중될 전망이다.

이번에 콜금리가 인상되면서 주택담보대출 금리도 올라 빚을 내 집
을 산 사람들의 이자 부담이 크게 늘어나게 된다. 주택담보와 신용대
출 등 모든 은행 대출금리의 기준이 되는 것이 양도성예금증서(CD)
금리인데, 콜금리 인상은 약간의 시차를 두고 CD금리에 반영되기 때
문이다. 따라서 주택담보대출을 1억 원 받은 사람은 CD금리가 0.25퍼
센트 정도 오를 경우 연간 25만 원가량의 추가 이자 부담이 생긴다. 지
난 5월 말 현재, 총 가계대출 잔액은 318조 원(한국은행 통계)이다. 이
중 75퍼센트인 239조 원가량이 시장 금리에 따라 이율이 변하는 변동
금리부 대출. 따라서 시장 금리가 0.25퍼센트 포인트 오를 경우 가계
는 연간 6천억 원에 달하는 추가 이자 부담을 안는다는 계산이 나온
다. 작년 상반기에 집을 담보로 1억 원을 빌렸다면 1년 만에 87만 원의
추가 이자 부담이 생겼다는 의미다. (《한국경제신문》 2006. 6. 9)

규모의 차이는 있겠지만 대다수 사람들은 금융기관으로부터 돈을
꾸었거나 꾸고 있을 것이다. 때문에 금리가 오르거나 내리는 것은 다
른 사람 이야기가 아니라 당장 자기 자신의 금전적 이익이나 손해로
바로 연결되어 있다. 그러면 금리는 누가 결정하며, 어떻게 결정하는

것일까?

금리를 결정하는 곳은 한국은행이며, 한국은행의 중요한 의사결정 기구 가운데 하나인 금융통화위원회가 콜금리를 올리거나 내림으로써 이루어진다. 한국은행은 경제 성장, 물가, 국제 수지, 고용 등 여러 가지 경제 목표들을 종합적으로 고려해서 금융 정책을 결정한다. 예를 들어 시중에 통화량이 지나치게 풍부해 집값이나 땅값이 오르고 있다고 판단하면 금리를 올려 자금 수요를 억제한다. 마찬가지로 불황이 깊어지면 기업들의 시설 투자를 촉진하기 위해서라도 금리를 낮추어 시장에 통화량이 늘어나도록 한다. 이때 정책 목표를 달성하기 위해 활용하는 것이 금리다.

시중에 돈을 풀 것인가, 말 것인가를 결정하는 통화 정책의 중요한 수단은 콜금리를 올릴 것인가 내릴 것인가에 의해 주도된다. 매월 첫째 주 목요일에 한국은행의 통화금융위원회가 이처럼 중요한 사안을 결정하기 때문에 금리 인상 가능성이 있는 시점에는 첫째 주 목요일이 특별한 의미를 지니고 있다고 하겠다. 쉽게 말하면 콜금리는 금융기관끼리 짧은 기간 동안 남거나 모자라는 자금을 서로 주고받을 때 적용되는 금리다. 이런 거래가 이루어지는 시장을 콜시장이라고 하고, 콜시장에서 이루어지는 하루짜리 초단기 자금의 가격을 콜금리라고 한다.

앞의 기사처럼 금융통화위원회가 콜금리를 인상하기로 결정하게 되면 한국은행이 콜금리 인상을 집행하게 되는데, 콜자금 거래는 금융기관들이 공동으로 출자해 만든 한국자금중계라는 회사를 통해 이루어진다. 콜금리는 대출금리를 비롯해 다양한 금리들의 연쇄적인 변동을 가져오기 때문에 단기 실세 금리의 대표적인 지표로 중요한 역할을 하게 된다. 일단 콜금리 목표를 인상하기로 한다는 것은 도달하고자 하는 콜금리 목표를 인상한다는 뜻이다. 일단 금융통화위원회가 콜금리 목표치를 정하게 되면 한국은행은 목표치 달성을 위해 다양한 정책 수단을 사용해 돈을 거둬들이게 된다. 콜금리 목표를 하향 조정할 때는 한국은행이 이와 반대의 일을 집행한다고 보면 된다.

일단 콜금리의 인상이나 인하 여부가 결정되면 한국은행과 금융기관 사이에 이루어지는 자금 거래의 금리가 변화하기 때문에 다른 금리들도 차례차례 콜금리의 영향을 받게 된다. 단기 금리의 대표적인 지표인 양도성예금증서 금리와 기업어음(CP) 금리 등이 먼저 바뀌고, 곧 이어 장기 금리인 채권 수익률(회사채, 국고채 유통 수익율)이 바뀌게 된다. 단기 금리에 이어서 장기 금리 및 여신과 수신 금리가 차례로 영향을 받게 된다. 요컨대 중장기적인 관점에서 보면 세 가지 금리 지표는 같은 방향으로 움직이게 되는 것이다.

그러면 단기 금리의 대표 주자에 해당하는 양도성예금증서 금리와 기업어음 금리는 무엇인가? 신문의 경제면에는 콜금리보다는 약간 높은 CD(91일물)과 CP(3개월)의 금리가 늘 소개되어 있다. 앞의 것은 자금 시장에서 거래되는 보통 만기 91일짜리 양도성예금증서의 거래 수익률을 나타내는 것으로 단기 자금 시장의 동향을 읽을 수 있는 중요한 지표다. 뒤의 것은 일반 기업이 자기 신용으로 발행한 무보증사채로 3개월짜리 어음의 금리가 단기 금융 시장의 동향을 나타내는 데 중요한 역할을 한다. 여기서 단기 금융 시장은 만기 1년 이내의 금융 자산이 거래되는 금융 시장으로 주 거래 참가자들은 금융기관과 우량 기업들이다. 단기 금융 시장은 대규모 자금을 필요로 하는 거래 참가자들의 단기적인 자금 부족이나 과잉 상태가 되었을 때

수급을 조절하는 시장이다.

한편 단기 금리의 변화는 장기 금리에도 영향을 미치게 된다. 장기 금리는 국고채(3년), 회사채, 금융채(1년), 통안채(2년), 국민주택채권 등과 같은 채권이 유통 시장에서 거래되면서 만들어지는 금리로 시중 자금 사정에 따라 날마다 변한다. 시중에 자금 사정이 넉넉할 때는 채권을 구매하려는 사람들이 늘어나기 때문에 당연히 채권 가격이 오르고, 동시에 수익률(금리)은 떨어지게 된다. 채권 가격과 금리가 반대 방향으로 움직이게 되는 것이다.

한편 생활인에게 관심이 많은 시중 은행 금리에 대한 이야기를 조금 더 나누는 것이 도움이 될 것이다. 시중 은행들은 경제성장률과 물가 등의 경제 상황, 시중 자금 사정, 중앙은행의 정책 방향, 다른 은행의 금리 그리고 은행 수익의 기반이 되는 예금과 대출 금리의 차이, 즉 '예대 마진(預貸 margin)' 등을 고려하여 결정한다. 대부분의 예금 금리나 대출 금리는 은행들이 자율적으로 결정하지만, 은행권의 금리 결정을 선도하는 은행들이 있는데, 이들을 '리딩뱅크'라고 부른다. 리딩뱅크에 앞서거니 뒤서거니 하는 수준으로 다른 은행들의 금리가 결정된다고 보면 된다. 예를 들어 한국은행이 콜금리를 조정하면 은행들은 자연스럽게 금리를 조정할 수 있는 명분을 가지기 때문에 발 빠르게 대응하는 게 보통이다.

주택담보대출을 예로 들어 보면, 이 경우는 양도성예금증서 금리에 따라 대출 금리가 주기적으로 바뀌기 때문에 콜금리 인상은 양도성예금 금리를 인상시키고, 궁극적으로 주택담보대출 금리를 인상시키게 된다. 우리나라의 주택담보대출의 경우는 90퍼센트 이상이 CD 금리에 따라 대출 금리가 변한다. 미국은 주택담보대출의 77퍼센트가 고정 금리를 선택하고 있는 반면, 한국은 주택을 구입한 대출자가 콜금리 인상의 직격탄을 맞게 한다. 다음과 같은 신문 기사는 금리 인상이 바로 개개인의 문제가 될 수 있음을 나타낸다.

> 지난 5월 말 현재 은행 주택담보대출 잔액은 198조 6천억 원이다. 이 가운데 90퍼센트 이상이 시장 금리 연동형 대출이다. 따라서 시장 금리가 1퍼센트 포인트 오르면 주택 대출 고객이 연간 지불해야 할 추가적인 이자 비용만 1조 8천억 원에 달한다. 한국은행이 지난 8일 콜금리를 인상한 뒤 CD금리가 연 4.36퍼센트에서 최근 연 4.57퍼센트로 급등, 이 같은 금리 위험이 현실화될 조짐이다. (《한국경제신문》, 2006. 6. 29.)

시중 은행들이 고정 금리보다는 변동 금리를 선호하는 이유는 무엇일까? 그것은 금리가 변하는 경우에 발생하는 리스크를 줄일 수 있기 때문이다. 그렇기 때문에 시중 은행들이 판매하는 변동 금리형 대출금리는 고정 금리보다 약 1~2퍼센트 낮다. 그러니까 고객들이 위험을 안는 대신 금리를 약간 낮추어 판매하는 셈이다. 고정 금리가 가져올 수 있는 위험은 보험 상품에서 발견할 수 있다.

과거 금리가 높았던 시절에 보험회사들이 고정 금리 상품을 많이 판매한 적이 있다. 그러나 저금리 시대가 오면서 보험회사들이 겪는 어려움이 이른바 '역마진' 문제다. 고객에게 지불한 금리 수준은 높은데 반해 자금을 운용해 거둬들일 수 있는 수익률은 낮아져 경영에 큰 부담이 되는 것이다. 그렇기 때문에 가급적이면 금리에 따르는 위험, 즉 금리 리스크를 고객들이 부담하는 쪽으로 가게 된다. 국내의 변동 금리부 대출은 대부분 91일물 CD금리에 연동해 매일 또는 매주 금리가 변경 고시되기 때문에 기존 고객은 3개월마다 다른 금리를 적용받게 된다. 그러므로 금리에 대한 장기적인 전망이나 의견을 갖고 있어야 손해를 줄일 수 있다.

대부분의 사람들은 금융기관에 예금도 갖고 있지만, 자산도 소유하고 있다. 한국은행에 따르면 2005년 말 개인의 금융 자산은 1,393조 원으로, 금융 부채 602조 원에 비해 2.31배를 기록하고 있다. 이를 현재 인구 수 4,878만 2,274명으로 나눌 경우 국민 1인당 금융 자산은 2,856만 원, 금융 부채는 1,234만 원이며, 4인 가족 가구당 금융 자산과 부채가 각각 1억 1,423만 원, 4,938만 원이라고 한다. 결국 자산뿐만 아니라 부채 역시 금리 변동에 크게 영향을 받게 된다. 금리 변동은 개인에게는 소득과 소비의 증가 내지 감소로, 기업에게는 자금 조달 비용의 증가로 인한 투자 증가 혹은 감소 요인이 된다.

이따금 당분간 금리 인상이 불가피해 보이는데도 무리하게 큰돈을 빌려 집을 사고 이자 부담 때문에 쩔쩔매는 사람들이 있다. 예상대로 집값 인상이 이루어지면 문제가 없지만, 금리가 올라가면 시중의 통화량 자체가 줄어드는 경우가 많기 때문에 주택 수요를 감소시킬 수 있다. 그렇게 되면 이자 부담은 이자 부담대로 늘어나고, 자산 가격은 자산 가격대로 하락하면서 이중고에 시달리게 된다.

근래 시중의 통화량이 늘어나서 부동산 가격을 부추긴다는 지적이 있다. 한국은행이 지나치게 금리를 낮춤으로써 통화량이 늘어나는 데 일조했다는 것이다. 시중의 통화량이 증가한다는 사실은 달리 이야기하면 부동산이나 주식 수요를 증가시킴으로써 가격을 상승시킨다는 뜻이다. 이렇게 볼 때, 계속해서 콜금리를 인상하면 시중의 통화량을 흡수해 부동산과 주가를 잡는 데는 영향을 미치겠지만, 금리 인상에 따른 소비 및 투자 감소로 인해 경기를 하락시킬 수도 있다. 콜금리를 올리는 사람들이 기대하는 효과는 한국은행이 콜금리를 인상한 후에 밝힌 다음 이야기에서 찾아볼 수 있다.

실물 경제의 개선 추세에 상응해 지난해 4분기 이후 정책 금리를 네 차례 인상, 통화 정책 완화 기조를 점진적으로 축소해 왔다. 저금리 기조 지속에 따른 부작용을 완화하고, 경기 회복 과정에서 예상되는 물가 상승 압력에 선제적으로 대처했다. 이 달 콜금리 상승 이후 장단기 금리가 상승하고, 주가는 하락세를 지속하고 있으며, 기업의 체감 자금 사정은 다소 악화됐다. 또한 부동산 가격은 정부 대책의 효과가 나타나면서 점차 안정될 것으로 보인다. (《이데일리》 2006. 6. 29)

오늘날처럼 각국의 경제가 유기적으로 연결되어 있는 상황에서는 한국의 금리 인상은 다른 국가들과의 금리 격차를 뜻한다. 물은 높은 곳에서 낮은 데로 흐르지만, 자금은 낮은 곳에서 높은 곳으로 흐른다. 예를 들어 국내 금리가 높아지게 되면 국내 금융 자산의 수익률이 높아진다. 자금이 금리가 낮은 곳으로부터 높은 곳으로 이동하게 되고, 이 과정에서 원화 표시 자산에 대한 관심이 증가한다. 그것이 부동산일 수도 있고, 주식일 수도 있다.

원화 자산을 매입하려면 달러나 유로화 혹은 엔화를 갖고 들어와 원화와 바꾸어야 한다. 이렇게 하면 원화 가치가 높아진다. 원화 가치의 상승은 곧 환율 인하를 뜻한다. 예를 들어 금리 인상 전에 환율이 1달러당 980원에서 1달러당 850원으로 떨어질 수 있다. 환율이 떨어지면 수출이 줄어들고 수입이 늘어나면서 국내 물가는 떨어지지만, 수출 기업들은 그 만큼 어려움에 처하게 된다. 다른 나라의 금리가 고정되어 있을 때 그렇다는 것이다. 중요한 것은 상대적 격차이기 때문에 다른 나라의 통화 정책도 매우 중요하다. 한국이 금리를 올리는데 미국이 금리를 더 높게 올려버리면 한국 입장에서는 금리를 인하한 효과가 발생하기 때문이다.

콜금리 인상이나 인하는 다른 사람들 이야기가 아니다. 경제라는 것이 촘촘히 연결된 망이다 보니 우리 삶에 직간접으로 영향을 미친다.

인생 경제학 원리

금리는 경제의 풍향계다. 한국은행의 금융통화위원회가 결정하는 콜금리는 경제의 구석구석까지 영향을 미친다. 특히 가계 부채에 대한 영향이 매우 커질 뿐만 아니라 주택 가격 등과 같은 자산 가격과 통화량에 미치는 영향 때문에 사업의 호황과 불황에도 영향을 미치게 된다. 그러므로 늘 금리의 향방을 지켜보며 자신에게 미치게 될 영향을 미리 점검해야 한다.

세계경제의 풍향계, 미국 금리

　외환 위기 이후 서울의 거리 풍경이 크게 변했다. 스타벅스나 빕스, 아웃백과 같은 외국 프랜차이즈 외식업이 대거 증가했을 뿐만 아니라 영어로 된 간판과 외국 기업의 진출이 부쩍 늘어나게 되었다는 점이다. 한마디로 우리와 세계 경제가 더욱 촘촘한 관계의 망으로 형성된 것이다.

　따라서 우리나라 신문이나 잡지를 보면 미국의 정책 변화를 다루는 기사가 많다. 정책 기관 가운데 우리에게 익숙한 기관은 미연방준비제도이사회(Federal Reserve Board, FRB, 이하 '연준'이라고 부름)다. 연준이 정책 금리를 올릴 것인가, 올린다면 그 규모는 얼마나 될 것인가, 그리고 그 시기는 언제인가 등의 기사가 눈에 띈다. 옳고 그름을 떠나 연준의 금리 인상이나 인하가 우리 경제와 일상생활에 영향을 미치고 있다. 『서른살 경제학』을 쓴 유병률은 세계 경체의 절대 강자이자 게임 메이커로서의 미국의 위상에 대해 이런 이야기를 서슴지 않는다.

미국 공개시장위원회(FOMC)가 열릴 때면 우리 기업인들은 물론 주식 시장 개미 군단도 미국 금리가 얼마나 오를지 숨죽이며 지켜봐야 합니다. 개미 군단은 외국인들의 자금이 높은 금리를 찾아 미국으로 유턴하지는 않을지 노심초사해야 합니다. 미국이 금리를 올려 긴축을 하면 기업인들은 수출이 감소할까 봐 가슴을 졸여야 합니다. 이렇듯 한국 경제에서 미국은 절대 강자이자 게임 메이커입니다. (…) 최근 이 절대 강자인 미국의 자리를 중국이 차지할 것이라는 얘기들이 많이 나오고 있습니다. 중국의 정치력과 경제력이 앞으로 미국을 능가할 것 이라는 지적이죠.

결론부터 말씀드리죠. 앞으로 최소 20년 동안 미국의 경제력이 지금 보다 약해질 가능성은 거의 없습니다. 경제 1위 자리를 중국에 내주지 는 않을 겁니다. 물론 중국의 위상은 더 높아지겠지요. 그래도 전 세계 경제의 게임 메이커는 미국입니다. 미국의 스탠더드는 글로벌 스탠더 드로 계속 자리하게 될 것입니다. 국제 정치, 외교, 군사 문제는 제 능 력 밖입니다. 그러나 경제적인 측면에서만 보면, 미국에 대한 여러분 들의 감정과는 별개로 앞으로 수십 년 동안 미국을 모르고서는 글로벌 비즈니스가 불가능합니다. (유병률, 『서른살 경제학』)

앞으로 당분간 절대 강자로서의 미국의 위상이 변함이 없다는 판 단에 동의한다면, 개인적으로 미국을 좋아하든 좋아하지 않든 미국을 있는 그대로 보는 게 좋다. 있는 그대로의 모습에서 단연 중요한 것이 미국 연준의 움직임이다. 미국의 경우 실질적으로 중앙은행의 독립성이 보장되어 있다. 권력을 갖고 있는 행정부나 입법부의 간섭 없이 중앙은행이 통화 정책을 결정할 권한을 갖고 있다. 연준 관리들의 임기는 대통령의 임기에 연연하지 않을 정도로 중앙은행의 독립성은 확고하다.

중앙은행의 실질적인 독립이 필요한 이유는 정치가들은 가능하면 자신이 재임하고 있는 동안 높은 성장을 만들려고 하기 때문이다. 높은 경제 성장은 인위적으로 경기를 부양함으로써 인플레이션으로는 가는 것을 뜻한다. 그 결과 성장률이 높아짐으로써 실업률은 줄어들지만, 반대로 인플레이션은 높아지게 된다. 특히 선거를 앞둔 정치가라면 정치적인 목적을 위해서 단기적인 성장률을 높이는 데 집착한다.

여기서 그 유명한 '필립스 곡선'이 등장하게 된다. 영국의 학자 필립스(A. W. Philips)는 1861년부터 1957년까지의 영국 자료를 이용해 '실업이 높아지면 인플레이션이 낮아지고, 실업률이 낮아지면 인플레이션이 높아지는, 실업률과 인플레이션 사이에 음(혹은 역)의 상관관계가 존재한다'는 가설을 내세웠다. 이 같은 주장은 경제 성장과 물가 상승이라는 두 마리 토끼를 잡을 수 없다는 것을 가르쳐주고 있다.

하지만 통화량을 풀고 이자율을 낮추어 경기를 부추기더라도 사람들이 새로운 물가 수준에 맞추어 행동하면, 물가는 오르지만 이에 걸맞은 성장은 이루어지지 않는 경우도 자주 발생한다. 그러다 보면 물가는 물가대로 오르고, 실업은 실업대로 줄어들지 않는, 요컨대 물가 상승과 실업이 역의 관계가 아닌 수직 관계가 된다. 사람들은 경험을 통해 배우기 때문에 정부가 통화량을 풀면 그 다음에 파급될 효과를 예측해 행동함으로써 필립스 곡선을 무색하게 만들어버린다. 실제로 미국의 자료를 갖고 분석해 보면, 이런 결과가 매우 확연해 필립스 곡선의 효과에 회의를 갖는 사람도 많다.

인플레이션과 실업률 간 장기적 상호관계는 존재하지 않는다는 것이 현대 거시경제학의 기본적인 원리다. 현실적으로 나타나는 현상들은 이러한 원리를 보여준다. 1950년대와 1960년대에는 인플레이션이 낮았고, 1960년대 말과 1970년대에는 인플레이션이 높았으며, 1980년대와 1990년대에는 인플레이션이 다시 낮았다. 그러나 평균 실업률은 이 기간 동안 5퍼센트나 6퍼센트로 거의 같았다. 특히 1990년대의 높은 인플레이션율은 실업률 감소를 가져오지 않았다. 실업률과 인플레이션 간의 음의 상관관계는 장기적으로 나타나지 않는다. 이러한 사실은 인플레이션을 유발하는 통화 정책으로 단기적인 이득이 발생하지 않는다는 것을 의미하지는 않는다. 그러나 이러한 사실은 인플레이션을 유발하는 통화 정책은 장기적으로 고통을 초래한다는 것을 의미한다. (존 테일러(John B. Taylor), 『테일러 경제학』)

정치가들은 단기적인 성과를 원하게 마련이다. 그것은 이자율을 낮추어 통화량을 늘림으로써 경기를 부양하고 싶은 유혹을 느낀다는 것이다. 이런 움직임에 제동을 걸 수 있는 기관이 중앙은행이라 할 수 있다.

그런데 우리의 관심은 연준이 금리를 올리면 우리에게는 어떤 영향이 있는가 하는 점이다. 일단 연준은 다른 정책 목표에도 관심을 갖고 있지만, 특히 물가를 안정시키는 데 가장 노력한다. 정치가는 성장에, 연준의 의장은 물가 안정에 무게 중심을 둠으로써 둘 사이에 적절한 균형을 유지하고 있다고 할 수 있다.

연준 의장은 두 가지의 상반된 주장에 대해 이사들의 합의와 설득을 거쳐 금리 인상이나 인하의 폭과 시기를 결정하는 중대한 과제를 맡게 된다. 연준이 금리를 인상하고 나면 곧바로 미국 경제뿐만 아니라 전 세계가 영향을 받는다. 2006년 5월, 기대 이상으로 경기가 과열된 징후들이 나타나자 연준은 인플레이션을 미리 제압하기 위해 열여섯 차례나 연방 기금 목표 금리를 인상했다. 2006년 5월 23일, 벤 버냉키 연준 의장은 미국 상원금융위원회 청문회에 참석해 다음과 같이 말했다.

금융 시장에 인플레이션 전망이 해결되지 않은 채 여전히 상존하고 있다. 금리를 좀더 올려야 할지 모르겠다. 이제까지 열여섯 차례에 걸쳐 금리를 5퍼센트 올렸지만, 아직도 고유가와 주택 시장의 거품 등 인플레이션이 발생할 우려가 가시지 않고 있다. 인플레이션을 미리 제압할 정책이 필요하며, 다음 연준의 공개시장위원회가 열리는 6월 28일까지 한 달여 동안 각종 정책 지표를 면밀히 주시한 뒤 금리 인상 여부를 최종 결정할 것이다.

이처럼 연준의 금리 인상은 우리나라의 경우와 마찬가지로 미국 시중 은행들의 단기 금리와 장기 금리의 변동을 가져온다. 다시 말하면 미국의 중장기 금리인 재무성 증권과 다른 자산들의 이자율도 연방 기금 이자율과 같은 방향으로 움직인다.

금리가 올라가면 통화량이 감소하면서 부동산이나 주가에 부정적인 영향을 미치게 된다. 따라서 한국처럼 국내총생산에서 수입과 수출 부문이 차지하는 비중이 70퍼센트나 되는 국가는 미국의 경기 하락을 우려하지 않을 수 없다. 그렇게 되면 한국산 상품이나 서비스에 대한 수요가 줄어들기 때문이다.

뿐만 아니라 미국의 금리가 올라가 상대적으로 한국과 미국의 금리 격차가 확대되면 상대적으로 금리가 높은 미국의 달러화 표시 자산에 관심을 갖지 않을 수 없다. 결과적으로 상대적인 금리 격차를 따져봐야겠지만, 미국과 한국 사이의 자금 이동을 예상할 수 있다. 즉, 원화 표시 자산을 팔고 달러화 표시 자산을 구매하게 된다는 이야기다.

이는 외국인들이 한국의 주식을 팔아치운다는 것을 뜻한다. 장기적인 금리 격차가 확연하게 드러나는 경우 이 같은 현상을 충분히 예상할 수 있다. 만일 각국의 중앙은행들이 미국과의 금리 격차를 줄이기 위해 경쟁적으로 금리를 인상하면 세계의 경제성장률이 하락해 한국 기업처럼 수출에 의존하는 기업들이 어려움에 처한다.

우리 경제의 펀더멘틀에 관계없이 미국의 추가적인 금리 인상에 따라 주가나 경제성장률이 크게 영향을 받기 때문에 미국 연준의 움직임에 항상 관심을 가져야 한다. 예를 들어 미국의 금리 인상과 인플레이션에 대한 우려 증가, 미국을 비롯한 주요 국가들의 인플레이션 우려로 인하여 추가적인 금리 인상 전망 등이 나오면 주식시장에서 돈을 빼는 외국인들이 늘어나고, 브라질과 인도, 러시아 등의 주가가 폭락하기 때문이다.

미국 금리의 움직임을 관찰하고, 그 파급 효과를 예상해 보는 습관은 국내외 경제에 대한 시야를 넓혀준다. 또한 날로 긴밀해지는 국가

간의 경제적인 통합 정도를 고려하면, 개인도 국제적인 경제 환경 변화로 발생할 수 있는 위기를 미리 관리하고, 돈을 벌 수 있는 기회도 선점할 수 있다.

인생 경제학 원리

미국 금리는 세계 경제의 풍항계다. 미국 금리는 국가 사이에 금리 격차를 유발해 국가간 자금 이동을 촉진한다. 미국의 금리 인상에 따라 한국 증시가 출렁거린다. 수출 기업들이 미국 금리에 초미의 관심을 갖는 모습은 바로 세계화가 가져온 기회와 위기의 양면이다.

환율, 방어가 아닌 적응이 해답이다

　환율은 한국 돈과 외국 돈 간의 교환 비율로서, 한국 돈이 외국 돈에 비해 얼마나 가치가 있는가를 나타낸다. 대표적인 환율이 원화와 달러화의 교환 비율인 원달러 환율이다. 2006년의 어느 시점에서 1달러가 원화로 960원에 해당하는 가치를 갖고 있으면 '1달러=960원'이다. 이를 '원화의 대미 달러 환율' 혹은 '달러화에 대한 원화 환율'이라고 부른다. 그런데 우리나라의 경우는 원달러 환율도 중요하지만, 원화와 엔화의 교환 비율인 원엔 환율도 중요하다.

　흔히 환율이 내렸다는 것은 원화의 가치가 오른 것을 말한다. '1달러=960원(960원/1달러)'에서 '1달러=930원(930원/1달러)'이 된다는 것은 과거에는 1달러짜리 물건을 구입하기 위해 960원을 지불했지만, 이제는 930원만 지불하면 된다는 뜻이다. 그만큼 원화의 값어치가 오른 것, 즉 평가절상한 것을 말한다. 반면에 원화의 평가절하는 같은 물건을 구입하는 데 과거보다 원화를 더 많이 지불하는 것으로, 원화 가치가 떨어진 것을 말한다.

원화의 대미 환율은 1997년 외환 위기를 맞으면서 1,900원까지 치솟기도 했지만, 1999년 이후에는 1,100~1,200원에서 움직였다. 2005년 이후에는 꾸준히 환율 하락(원화 절상)이 이루어지고 있다. 1,000원대에서 900원대로 진입했고, 일각에서는 내년에는 800원대까지 진입할 것으로 내다본다. 다시 말하면 당분간 원화 절상이 계속될 전망이라는 것이다. LA한미은행장으로 있는 손성원 박사는 한 인터뷰에서 원달러 환율에 대해 다음과 같이 전망했다.

내년에 원달러 환율이 800원대로 하락할 수 있다. 달러 약세 현상은 갈수록 심해져, 연말이면 달러당 900원까지 떨어지고, 내년이면 900원 선이 무너질 수 있다. 고객들에게 '달러를 팔고 원화로 된 자산을 사라'고 2년째 조언하고 있다. 달러 가치가 추가 하락할 것이 명확하므로 원화에 투자해야 한다. (《조선일보》, 2006. 5. 12)

이처럼 원화 가치가 계속 오르면 어떤 일이 생길까? 가장 큰 고통을 받는 쪽은 수출 기업이다. 예를 들어 1달러=1,000원에서 1달러=950원으로 환율이 떨어지면 과거에는 1달러를 수출해서 1,000원을 벌 수 있었는데 이제는 950원만 벌게 된다. 한마디로 채산성이 악화되는 것이다. 매출액 가운데 수출이 80퍼센트를 차지하는 삼성전자의 경우만 하더라도 2005년에는 원달러 환율이 100원 내리면 이익이 2조원 줄었지만, 수출 비중이 늘어난 올해는 달러당 100원 하락할 때 3조 원대의 수

익 감소가 예상된다고 할 정도다. (《조선일보》 2006. 9. 23)

이를 극복하려면 수출 단가를 올리든가 원가를 절감해 비용을 줄여야 한다. 그러나 잘 나가는 기업도 제품 가격을 올리기가 쉽지 않다. 해외 시장은 경쟁이 아주 치열한 완전 경쟁 시장이기 때문이다. 사정이 이렇다 보니 대기업이 비용의 상당 부분을 협력 업체에 떠넘겨 문제가 되기도 한다. 수출 기업의 문제는 기업만의 문제가 아니다. 수출 기업의 수익성 악화는 수출 감소와 고용 악화 그리고 근로자의 소득 감소로 연결되기 때문이다. 하지만 환율이 미치는 영향은 과거에 비해 많이 나아지고 있다. 삼성경제연구소가 발표한 〈한국 수출 경쟁력의 재발견〉이란 보고서에 의하면 환율 변동이 수출 증가에 기여하는 비율은 1991~1997년에는 27.9퍼센트였지만, 1998~2004년에는 2.3퍼센트로 하락했다.

반면에 환율이 떨어지는 일은 수출 기업에게는 악몽이지만, 수입 기업에게는 축복이다. 환율이 내려가면 수입 상품의 가격이 내려갈 뿐만 아니라 외국으로부터 원자재를 수입하여 생산하는 상품의 제조 원가가 하락함으로써 결과적으로 국내 물가가 내려가기 때문이다. 특히 우리나라는 원유 대금이 수입의 60퍼센트 정도를 차지하기 때문에 환율 인하가 반드시 나쁜 것만은 아니다.

그러나 한 가지 분명한 사실은 환율이 과도하게 떨어지면 경상수지가 나빠질 가능성이 있다는 것이다. 수출은 줄어들고 수입은 늘어나는 현상이 구조적으로 자리 잡게 되면 경제에 적신호가 켜질 수 있다. 이를 테면 미국은 발권력을 갖고 있기 때문에 적자가 생기면 적자를 달러를 찍어 해결할 수 있지만, 한국은 외화 부채를 지거나, 갖고 있는 외환 보유고를 이용하거나, 외국인의 직접 투자와 주식투자가 이루어져야 한다. 이도 저도 안 되는 경우에 외환 위기가 발생한다. 그러므로 항상 적정한 외환 보유고와 경상수지 흑자를 유지함으로써 대외 신인도를 유지해야 한다.

1990~1997년까지 경상수지 적자 누적액은 611억 달러였고, 총 외채는 880억 달러였다. 1990년대 중반을 기점으로 몇몇 깨어 있는 기업인들은 구조적인 경상수지 적자를 매우 걱정했다. 우리나라의 무역수지 흑자는 1980년대 후반까지 계속되지만 이후 1993년에 소폭의 흑자를 낸 것을 제외하고 지속적인 적자를 기록하게 된다. 특히 1996년에는 경상수지 적자가 237억 달러나 되어 국내총생산의 3퍼센트에 육박했고, 1997년 첫 분기만 하더라도 74억 달러라는 사상 최대 적자를 기록했다. 당시 교역 조건 악화로 수출은 줄어드는데 설비 투자나 소비를 위한 수입은 지속적으로 증가했다. 여기에 세계화라는 기치 아래 무역 외 수지 적자는 1995년의 12억 달러에서 1996년의 26억 달러로 두 배 이상 증가했다. 또한 해외여행 자유화로 달러 한도액이 확대되면서 여행 수지 적자가 크게 늘어났다. 이는 국가 단위의 적절한 위험 관리가 늘 필요하다는 것을 일깨워준 사례였다.

한편 환율이 계속 떨어질 것으로 예상되면 원화 표시 자산 가치는 상대적으로 올라가게 된다. 앞의 인터뷰에서 손성원 박사가 조언했듯이, 환율이 계속 떨어질 것으로 예상되면 외국인들이나 교포들이 국내 주식을 구입한다. 원화 표시 자산을 달러로 바꿀 때는 그만큼 환차익을 얻을 수 있다. 반대로 환율이 오르면 원화 표시 자산을 팔아치우는 게 유리하다.

앞에서도 이미 살펴본 바와 같이 환율이 예상보다 훨씬 빠른 속도로 떨어지는 경우, 위기 관리 차원에서 정부가 개입한다. 명목은 수출 기업이 받을 타격을 완화하기 위해서인데, 문제는 이때 지나치게 많은 비용을 쓴다라는 점이다. 정부가 환율을 안정화시키기 위해 주로 사용하는 외평채나 외환시장안정용국채(환시채)는 모두 채권으로 발행해 자금을 조달해야 한다. 참고로 외평 기금 손실액은 2003년에는 5,219억 원, 2004년에는 10조 2,205억 원, 2005년에는 4조 6,357억 원이었다. 2003년 이후 총 15조 원가량의 세금을 환율 방어를 위해 투입한 셈이다.

이렇게 조달된 돈으로 달러를 사 모아야 하는데, 이렇게 되면 결국 시중에 통화량이 팽창하게 된다. 그러면 늘어난 통화량이 부동산이나 주식을 과도하게 자극하지 않도록 통화안정증권이란 채권을 발행해 돈을 다시 거두어들여야 한다. 결국 두 가지 모두 채권 공급을 늘림으로써 채권 가격 하락과 채권 수익률, 즉 금리 상승을 부추기게 된다. 그런데 정부가 달러화를 사 모으는 것은 국민이 낸 세금으로 수출 기업에 보조금을 지불하는 셈이다. 한마디로 국민의 희생으로 수출 기업을 지원하는 정책이라고 보면 된다. 최근 미국이 위안화의 가치 상승, 즉 위안화 평가 절상을 계속 요구하는 것도 중국 정부가 위안화 가치가 떨어지는 것을 인위적으로 막아 중국 수출 기업에 보조금을 지불함으로써 결과적으로 미국의 경상수지 적자를 키우고 있다는 판단 때문이다.

환율 역시 일종의 가격이기 때문에 외환의 시세 차익을 노린 투기 세력이 개입하는 일도 자주 일어나지만, 아주 급박한 상황이 아니면 정부가 개입하지 않는 게 바람직하다. 시장에서 수요와 공급 원리에 따라 환율이 지속적으로 오른다는 것은 다른 관점에서 보면 그만큼 경제 주체들에게 어떻게 적응해야 하는가에 대한 암시를 주고 있다고 보면 된다. 다시 말해 환율이 꾸준히 오르는 것만큼 생산성과 상품의 질 그리고 신제품 개발이라는 지상 과제를 해결하는 데 자극을 주는 것도 없다. 정부가 수출 기업의 고통 해결이라고 하는 단기적인 목표를 위해 귀한 자원을 낭비할 뿐만 아니라 기업들이 적극적으로 원화 가치 상승에 적응할 기회를 빼앗아버려서는 안 된다.

수출을 하는 대기업이나 중소기업은 '원화 환율이 고평가되었기 때문에 수출이 안 된다'고 푸념하게 마련이다. 그러나 어떤 선택이든지 시장의 흐름을 역행하는 정책은 반드시 대가를 치르게 된다. 1997년 외환 위기는 인위적으로 억눌렀던 환율 정책 때문이기도 했다. 환율 상승으로 인해 1인당 국민소득이 1만 달러 이하로 떨어져서는 안 된다는 정치적인 판단과, 환율이 상승해 물가를 자극함으로써 연간 목표치인 물가 관리를 제대로 하지 못했다는 비난을 피하려고 하지 않고, 환율을 시장에 맡겨 환율 상승에 따른 원화 가치 하락을 지속적으로 허용했더라면 외환 위기 같은 대란을 피할 수 있었을 것이다.

환율은 그 나라의 기초 경제 여건, 물가, 금리, 경상수지 등을 감안해 결정된다. 당연히 기초 경제 여건이 취약하다면 환율은 약세로 치닫을 수밖에 없다. 당시(외환 위기 전) 기초 경제 여건은 매분기마다 허약하기 짝이 없었음에도 불구하고 외환 당국은 빈번한 외환 시장의 개입선 후퇴 정책을 구사해 오히려 외환 정책에 대한 신뢰 상실로 큰 병을 키우는 결과를 초래했다.

다른 아시아 국가들은 이미 1996년 이후부터 자국의 통화 가치가 경상수지 적자분만큼 서서히 절하되는 것을 용인해, 적어도 한꺼번에 엄청난 충격을 받지는 않았다. 끓는 솥에서 김을 한꺼번에 왕창 빼는 것이 아니라 김을 서서히 살짝살짝 빼는 재주를 발휘한 것이다. 우리보다 못사는 나라라고 얕보던 국가의 재무 관리들이 실상은 우리나라 관리들보다 한 수 위였다.

특히 1997년 10월과 11월 두 달 동안 외환 당국은 900원대를 강철같이 방어하기 위해 무려 118억 4천만 달러의 보유 외환을 시장에 쏟아부었다. 이때는 이미 외국인 투자 자금이 본격적으로 한국을 이탈하는 시기였으므로 환율 안정보다는 보유 외환만 낭비하는 결과를 초래했다. (김상경, 최기억, 『환율, 제대로 알면 진짜 돈 된다』)

인생 경제학 원리

환율은 앞으로도 계속 떨어질 것이다. 원화 가치가 높아지면 수출 기업들은 고통받지만, 인위적으로 환율을 방어하기 위해 비용을 지불하는 일은 국민의 세금으로 수출 기업에 일종의 보조금을 지원하는 행위다. 게다가 돈만 날리고 환율을 방어하지도 못하기 쉽다. 환율을 방어하기 위해 막대한 돈을 투입하기보다는 경제 주체가 상황에 적응해야 한다.

8. 기름값, 왜 오르기만 할까

  2006년 하반기에 자동차용 휘발유 가격은 1,600원대에서 형성되었
다. 2004년에는 1,365원, 2005년에는 1,432원임을 고려하면 그다지
큰 폭으로 오른 것은 아니다. 언론은 유가 급등이나 배럴당 100달러
시대를 전망하는 기사들을 쏟아내지만, 환율이 떨어지면서 상대적으
로 원유의 국내 도입가를 낮추었기 때문에 국내 소비자들이 피부로
느끼는 가격 상승은 심각한 편은 아니다. 한마디로 소비자들이 환율
하락 효과를 톡톡이 보고 있는 셈이다.

  휘발유는 가격 탄력성이 아주 낮은 제품이기 때문에 소비자에게
다양한 비용을 부담시키기가 유리하다. 만일 가격이 상승하면 소비
자들이 구입 양을 크게 줄일 수 있을 정도로 가격 탄력성이 높은 상
품인 경우에는 소비자의 눈치를 보지 않을 수 없지만, 휘발유는 다르

다. 국제 유가의 변동 때문에 올려야 하는 이유가 생기거나 이런저런 세금을 부담시키기에 휘발유처럼 좋은 것도 드물다. 석유는 조세 저항이 없이 세금을 떠안길 수 있는 상품이기 때문이다. 소득이 일정한 상황을 가정하면, 유가 지출 증가는 가처분 소득 가운데 상대적으로 휘발유 제품에 대한 소비를 늘리는 것을 뜻한다. 이는 결과적으로 다른 상품이나 서비스의 구매력을 떨어뜨리는 역할을 한다.

따라서 휘발유를 비롯한 유가의 세금 비중이 높지만, 유독 휘발유의 세금이 가장 높다. 휘발유에는 교통세, 교육세, 주행세, 부가가치세가 붙는데, 휘발유 소비자 가격에서 세금이 차지하는 비중은 61.7퍼센트로, 미국의 22.1퍼센트, 일본의 48.2퍼센트는 물론, 경제협력개발기구(OECD)의 평균 56.4퍼센트보다 높다.

한편 경유에는 47퍼센트, 등유에는 32퍼센트의 세금이 붙는데, 이들 모두 원유 도입 단계에서 원가의 1퍼센트에 해당하는 관세와 리터당 16원의 석유수입부과금도 별도로 지불한다. 결과적으로 유류세는 총 24조 3천억 원(2005년 기준)으로 국세 총액 127조 4천억 원에서 19.1퍼센트를 차지하고 있으며, 통계청의 인구주택총조사가 제시하는 인구 4,820만 명으로 나누면 1인당 유류세는 50만 4천 원에 달한다.

조세 저항이 가장 적어 정부로서는 세수 확보를 위해 양보할 수 없는 부분이 바로 유류 관련 세금이다. 관련 부처들이 유류 관련 세금을 얼마나 애지중지하는가는 2006년 말까지 3년 동안 한시적으로 부과하기로 결정했던 교통세의 명칭을 바꾸어 치열하게 연고권을 주장하는 것만 보아도 알 수가 있다.

건설교통부, 산업자원부, 환경부 등 3개 부처가 연간 11조 원에 이르는 교통세를 사업 재원으로 끌어오기 위해 치열한 쟁탈전을 벌이고 있다. 휘발유, 경유 등에 부과되는 교통세는 2006년 말로 더 이상 걷지 않기로 돼 있던 한시적 목적세다. 그러나 정부가 세원을 포기할 리 없다. 정부는 교통세를 계속 걷기로 결론 내면서 세금 명칭을 '교통에너지환경세'로 바꾸어 세액의 일부를 산자부와 환경부에도 주기로 했다. 조금이라도 명분을 세우기 위해서다.

이것이 3개 부처가 쟁탈전을 벌이게 된 배경이다. 물론 그동안 교통세 징수액을 거의 독식해 온 건교부는 '연고권'을 내세우고 있다. 대부분을 자기네가 가져다 쓰겠다는 주장이다. 하지만 산자부나 환경부가 이렇게 좋은 기회를 놓칠 리 만무하다. 그러다 보니 지금까지 3개 부처가 요구한 금액은 전체 세액을 훌쩍 넘는 수준이다. 해당 부처들 사이에도 청와대나 총리실의 조정 역할이 필요하다는 소리가 나올 정도다. (《한국경제신문》, 2006. 6. 25)

세금이란 한번 만들면 웬만해서 없어질 수 없으며, 결국 거둬들인 세금을 쓸 새로운 사업을 만들어내게 된다. 연말이면 멀쩡한 보도블록을 파헤치는 것도 이 때문이다. 휘발유와 같은 유류들이 생필품으로 자리 잡은 한 손쉽게 세금을 거둬들이는 수단으로 활용하는 것을 마다할 정부는 없다.

2005년 한 해 동안 우리나라가 해외로부터 도입한 총 원유 수입액은 424억 달러(8억 4,320만 배럴)이다. 이 가운데 중동으로부터 들어오는 물량이 약 81퍼센트를 차지하고 있다.

늘 우리가 관심을 갖지 않을 수 없는 것이 원유 가격이다. 이것은 우리가 통제할 수 없는 일종의 외생 변수다. 원유를 전혀 생산할 수 없는 한국으로서는 원가 상승은 곧바로 같은 물량에 달러를 더 지불해야 하는 것을 뜻한다.

1970년대는 1,2차 석유 파동을 거치면서 고유가가 지속되었다. 이후 1980년대 전반기까지 석유수출기구(OPEC)의 카르텔에 힘입어 고유가가 지속되었지만, 1986년 사우디아라비아가 생산 조절자 역할을 포기하면서 유가는 1990년대 하반기까지 낮은 추세를 기록했다. 1990년 이라크의 쿠웨이트 침공이라는 예외 상황에서 배럴당 30달러선을 넘어서기는 했지만, 일반적으로 배럴당 20달러 이하로 낮은 수준을 유지해 왔다. 유가는 2000년대부터 다시 상승 추세를 기록하기 시작해 2003년 하반기부터 본격적인 상승세를 기록하면서 2004년에 들어서는 배럴당 30달러 수준까지, 2004년 하반기에는 35달러 수준까지 올랐다. 2005년에는 상승 추세는 멈추지 않았고, 2006년 상반기는 배럴당 60달러 수준까지 오른 추세를 기록했다. 당분간 유가가 지속적으로 오름세를 유지할 것으로 내다보는 사람들이 많다.

2004년 이후 유가 상승의 기저 요인은 증가하는 석유 수요를 공급이 감당하기 어려워 발생했다는 점이다. 이러한 견지에서 최근의 유가 상승은 제1차 석유 파동과 유사하다고 할 수 있다. 제1차 석유 파동과 다른 점은 1973년에는 중동전에 따른 아랍 산유국의 금수 조치가 유가의 폭등을 초래한 데 반해 2004년 및 2005년에는 이렇다 할 큰 사건이 없이 유가가 대폭 상승했다는 점이다. 따라서 최근의 유가 상승은 구조적 성격이 강하다고 할 수 있다. 즉, 수급 여건상 유가 상승이 불가피했다고 판단된다.

그러므로 현재의 고유가 상황은 향후 상당 기간 지속될 가능성이 높다. 석유 공급 증대에는 상당한 시일이 소요될 것이지만, 석유 수요의 저하는 기대하기 어렵기 때문이다. (이원우 외, 『고유가의 원인과 대응 방안』)

혹자는 배럴당 100달러 수준까지 오를 것으로 내다보기도 하지만, 가격 상승은 대체재 등장이나 공급량 증가를 가져오기 때문에 원유 가격 상승이 예상되는 경우 메이저 정유사를 중심으로 그동안 채산성 문제 때문에 고려하지 않던 유정을 개발하는 데 박차를 가할 것이다. 그리고 이 대체 석유의 공급량이 증가하면 상상할 수 없을 만큼 높은 가격이 형성되지 않을 것이다.

그렇기 때문에 2015년을 전후한 장기적 관점으로 보면, 대체제 개발 가속화, 효율성 향상, 생산량 증가로 인해 석유 소비량을 감소시키면서 유가가 일정 수준에서 안정될 것이다.

일찍부터 〈로마클럽 보고서〉와 같이 환경이나 인류의 미래를 예상한 보고서들은 석유와 같은 화석 원료들은 매장량이 제한되어 있기 때문에 고갈되어 인류가 위기에 처할 가능성이 높다고 주장했다. 하지만 경제학적으로 고갈이라는 상황을 예상하기 어렵다. 왜냐하면 원유 채굴 비용이 더 많이 들어가는 유정을 개발해도 채산성이 맞기 때문이다. 따라서 대체 에너지를 얼마든지 개발하도록 유도할 수 있다. 한편 미국 에너지부가 발표한 장기 유가 전망 역시 장기적인 안정세를 전망하고 있다.

미국 정유사의 수입 원유 평균 가격은 2025년에 배럴당 35달러 (2003년 불변 가격)로 전망되었다. 보다 구체적으로 말하면 2010년에 배럴당 32달러까지 하락한 이후, 2025년까지 완만하게 상승해 배럴당 35달러에 이를 것이다. 2025년의 배럴당 35달러는 명목 가격으로, 실제로는 약 60달러에 이를 것이다.

한편 고유가 시나리오는 2013년에 배럴당 37달러에 이른 이후, 2025년에는 48달러까지 상승할 것으로 전망했으며, 저유가 시나리오는 2009년에 21달러에 이른 이후, 같은 수준을 유지할 것으로 전망하고 있다. (이원우 외, 같은 책)

그런데 우리 발등에 떨어진 불은 현재 수입되고 있는 매년 8억 배럴에 대한 평균 수입 원유가의 상승이다. 원유가가 증가하게 되면 이는 곧바로 달러의 지불 증가와 경상수지 적자를 만들어내는 데 영향을 미치게 된다. 단순하게 계산해 보면 매년 8억 배럴의 수입에 평균 수입 단가가 배럴당 10달러 상승할 때마다 연간 경상수지가 80억 달러씩 줄어들게 된다.

뿐만 아니라 기업이 똑같은 생산을 해도 원가가 더 들어가는 것을 뜻한다. 채산성이 악화된 기업은 당연히 임금 소득이나 기타 소비를 줄이게 될 것이고, 이는 가계 소비의 축소와 여타 생산량 감소라고 하는 파급 효과를 낳게 된다.

개인을 중심으로 보면 유가 상승은 같은 소득을 받더라도 구매력이 줄어드는 효과, 즉 실질 소득이 감소하는 효과가 발생하는 것을 말한다. 왜냐하면 유가 상승에 따라 상품이나 서비스 가격이 상승하기 때문이다. 게다가 유가 상승에 따라 원가 부담이 높아진 기업들은 원가를 줄이려고 임금 상승률을 낮출 수밖에 없기 때문에 개인 소득도 낮아진다. 개인에게 미치는 이 같은 효과를 모두 더하면 내수 경기 침체에 큰 영향을 미치게 된다. 그렇기 때문에 유가 상승이나 중동 정세의 불안정에 민감하게 반응할 수밖에 없다.

유가 역시 다른 재화와 마찬가지로 수요와 공급의 법칙을 따른다. 아시아 국가의 고도성장에 따른 석유 수요 증가는 단기적으로 유가 상승을 가져오지만, 대체 에너지 개발과 새로운 유정 개발로 적정 수준에서 안정될 것이다. 하지만 유가 상승은 1차적으로 수입 원유 대금의 증가뿐만 아니라 2차적으로 생산 비용 상승과 소득 하락 효과를 가져온다.

{9.. 불공정거래의 유혹, 로또

로또가 선풍적인 인기를 끈 적이 있다. 이제는 매장을 방문하지 않고 마우스만 클릭해도 살 수 있다. 로또에 대한 열기는 처음부다 식었지만 여전히 우리 사회는 '노름 권하는 사회'처럼 보인다. 경마, 경륜, 카지노 등 이른바 사행성 산업이 놀라울 정도로 성장하고 있다. 재정 확충에 어려움을 겪는 지방자치단체들은 경륜이나 경마 같은 사행성 산업을 유치하려고 열심이다. 사행성 산업의 폐해를 우려하는 시민단체들의 거센 반발을 무릅쓰면서 말이다.

한국 레저산업연구소가 발표한 〈2005년 사행산업 현황 분석〉에 따르면 2004년 한 해 동안 경마, 경륜, 카지노, 복권 등 합법화된 사행성 산업의 총 배팅액은 14조 9,292억 원으로, 전체 레저 산업 27조 7천억 원의 53.9퍼센트나 된다. 총 배팅액 가운데 고객 환급금을 제외한 총 지출액은 4조 8,749억 원이나 된다.

5년 전인 1999년에 비해 배팅액은 세 배 이상, 총 지출액은 3.5배 이상 증가한 수치이지만, 2004년보다는 4.1퍼센트, 2003년보다 15.9 퍼센트가 감소한 수치다. 이처럼 전체 규모가 줄어든 이유는 카지노 바나 성인 오락실 등 불법 도박장이 범람하면서 게임 참여자들이 불법 도박장으로 발길을 돌렸기 때문이다. 다시 말해 도박 차제가 줄어든 것이 아니라 많은 사람들이 비제도권으로 발길을 돌려서다.

최근에 사람들의 통행이 빈번한 요지에는 어김없이 외관을 특이하게 장식한 사행성 PC방이 유행하고 있다. 실제로 위의 보고서에 제시되는 숫자가 불법 오락장을 제외한 수치임을 고려하면 매우 과소 추정되고 있는 게 분명하다.

어떤 사행성 산업이든 중독성이 강하다. 선택의 자유라는 관점에서 보면 전적으로 개인이 책임져야 한다. 그러나 그냥 개인의 선택에 맡기는 것만으로 충분한가라는 문제를 제기하지 않을 수 없는데, 그 이유는 사행 산업의 부정적인 파급 효과 때문이다.

다음 뉴스는 충북 지방에 관한 것이지만, 충북만의 이야기가 아닌 전국적인 현상으로, 도박이 우리 사회 곳곳에 얼마나 깊게 뿌리를 내리고 있는지 말해 준다.

경기 불황과 극심한 취업난이 맞물리면서 한탕을 노리는 도박 중독자가 심각한 수준까지 치닫고 있다. 도심 주택가에 집중돼 있던 사행성 게임장이 최근에는 농촌 지역까지 침투하는 등 충북도내는 물론 전국적으로 독버섯처럼 번져 있다.

충북지방경찰청에 따르면, 도내 성인 오락실, 카지노 바, 바카라 PC

방 등 사행성 게임장 수가 480여 곳으로 파악되고 있으나 무허가 시설을 설치해 운영하는 업소까지 포함하면 곱절 이상일 것으로 추산되고 있다. 도내 약국 수가 600여 곳인 것을 감안할 때 사행성 게임장이 어지간한 생활 관련 시설보다 훨씬 많다는 얘기인데, 이는 다른 지역도 마찬가지다. 이처럼 전국적으로 사행성 게임장이 급증하고 있는 이유는 경기가 회복될 기미가 보이지 않고 취업난까지 가중되면서 일자리를 찾지 못해 생활비는커녕 용돈도 못 버는 30~40대 가장들이 적은 돈으로 '대박'을 노리고 사행성 게임장에 출입하는 일이 잦아졌기 때문이다. (《한빛일보》, 2006. 4. 17)

도박의 역사가 인류 역사만큼이나 긴 것은 인간의 본성 때문이기도 하다. 인간은 본래 쾌락을 좇는 존재다. 뇌 분야의 저명한 학자인 리처드 레스탁(Richard Restak) 박사는 『마인드』란 책에서 다양한 중독 현상은 '약물을 지속적으로 복용해 그 행동을 지속하기 위해 삶의 전부를 내던지는 의존 현상'이라고 말한다.

한편 캘리포니아주 새크라멘토 근교에 있는 약물 치료센터 프로그램 담당자 리처드 밀러(Richard Miller) 박사는 '지난 25년 동안 보아온 코카인·헤로인·알코올·니코틴·도박·섹스·음식 중독에는 공통된 요소가 있다. 그것은 현실을 덮어버리거나 가장하며, 인간을 대면하기 싫어하고, 자신의 감정에 솔직하려 하지 않는다는 것이다'라고 한다.

그러면 이 같은 중독의 폐해에는 어떤 것이 있을까? 주변에서 도박이나 약물 때문에 자신과 가정을 돌이킬 수 없는 상황까지 내모는 사람을 본 적이 있다면 리처드 레스탁 교수의 말에 동의할 것이다.

약물 중독(편집자 주: 약물 중독에 비해 도박 중독 증세가 약간 경미함)은 사회 조직을 위협하는 가장 가시적이며 파괴적인 강박 행동이다. 중독자들은 금단 현상의 고통이나 약물이 끼치는 유해하고 치명적일 수도 있는 위험성에는 아랑곳하지 않고 오로지 약물을 얻는 데만 몰두한다. 최근 몇 년 새 약물 중독이 전염병처럼 급속히 번지고 있는데, 약물 중독은 중독자 자신과 주위 사람의 삶을 파괴할 뿐 아니라 사회의 다른 구성원과 사회 질서를 위협한다. (리처드 레스탁, 『마인드』)

그렇다면 경제학에서는 도박을 어떻게 해석할까? 도박은 공정한 거래가 아니다. 다시 말해 주고받는 관계가 아니다. 도박에 참여하는 사람이 이길 확률이 너무 낮기 때문이다. 그러니까 도박은 거래에 임하는 순간 이미 패배가 확실히 보장되어 있는 거래라고 보면 된다. 그렇기 때문에 오래도록 도박을 해서 돈을 벌었다는 사람을 만나기가 어려운 것이다.

그러나 도박이란 처음부터 이길 수 없는 게임이라고 생각하지 않는 사람도 있다. 이들은 확률이 낮은 것은 알지만, 자신에게는 요행이 따를 거라고 생각한다. 이런 사람들을 경제학에서는 위험 선호적(risk loving)인 특성을 가진 사람이라고 부른다.

예를 들어 100명이 참가해 단 한 명만 상금 100만 원을 타는 게임이 있다고 가정해 보자. 이때 기대 수익은 상금 곱하기 확률로, 1만 원이다.

이런 도박에 참가하는 사람은 세 부류로 나누어지는데, 1만 원 이상을 지불하고서라도 자신에게 일어나게 될 대박을 기다리면서 기꺼이 기다리는 위험 선호적인 사람, 1만 원 미만일 정도로 확률이 낮은 게임에 참가하느니 차라리 돈을 그냥 갖고 있거나 안정적인 곳에 묻어 두는 게 낫다고 생각하는 위험 회피적(risk-averse)인 사람이 있다. 위험 회피적인 사람들은 기대 가격이 지불하는 가격보다 높지 않으면 복권을 사지 않는 계산적인 사람들이다. 한편 사도 그만 안 사도 그만이라고 생각하는 위험 중립적(risk-neutral)인 사람도 있다.

도박 산업이 번성하는 것은 위험 선호적인 사람이 많기 때문이다. 위험 회피적인 사람이 많으면 도박 산업이 존립할 수 없다. 위험 회피적인 사람은 대개 이런저런 경험들을 통해 대박은 없다는 것을 알거나, 만사를 냉정하게 바라볼 수 있거나, 교육 수준이 높은 사람들이다.

젊고, 경험 없고, 감정적인 사람이 도박을 한다. 그러나 손주를 둘 정도로 나이가 든 사람이 도박에 손을 대 집안이 풍비박산이 되어버린 경우도 많다.

로또가 전국적으로 열풍을 일으킬 때 로또의 확률과 기대 가격을 계산해 본 사람들이 있을까? 대개 자신이 타게 될 엄청난 액수에만 관심을 가질 것이다. 도박이 성행하는 중요한 이유 가운데 하나가 가능성과 기대 수익을 객관적으로 보기 어렵기 때문이다.

그런데도 왜 도박 산업은 날로 번창할까? 경제 주체들 모두가 자신의 이익에 충실한 존재이기 때문이다. 앞에서도 이야기했듯이 중앙정부나 지방자치단체는 세수 확대에 도움이 될 수 있다면 도박이 끼치는 폐해를 뻔히 알면서도 도박 산업이 성장하는 데 일조하게 된다. 행정부가 늘 사용하는 '국민을 위하여'라는 말도 정치적인 수사에 불과하다. 자신의 이익에 도움만 된다면 얼마든 도박 상품을 판매할 수 있다는 것이다.

그 분야에는 처음부터 발을 들여놓지 않는 게 최선이다. 자신의 이

익은 자기가 챙겨야 한다. '모든 경제 주체는 자신의 이익에 충실하게
행동한다'는 것을 잊으면 안 된다.

제2장 투자와 미래의 경제학

몸값 결정의 원리

인간은 평등하게 태어났지만 직업인으로서 갖는 가치는 직종마다 사람마다 큰 차이가 난다. 동일 직업이나 동일 직종에서 똑같은 임금을 달라고 목소리를 높일 때도 있지만, 현실에서는 거의 받아들여지지 않는다.

만일 여러분이 누군가에게 고용되어 있다면, 여러분의 몸값은 수요와 공급의 원리에 따라 결정되고 있을 것이다. 여러분이 경쟁자가 좀처럼 제공할 수 없을 만큼 독특한 기술이나 지식 그리고 경험 등을 갖고 있다면, 고용주는 여러분을 대신해 일할 사람을 쉽게 찾지 못할 것이고, 그러면 여러분의 몸값은 자연히 오를 수밖에 없다. 반대로 여러분을 대신할 사람을 쉽게 찾을 수 있다면 여러분의 몸값은 떨어질 수밖에 없다.

일찍이 아담 스미스(Adam Smith)가 거래의 본질을 꿰뚫어 말했듯이 고용주는 자선사업가가 아니다. 고용주 역시 경쟁에서 살아남기 위해 분투하고 있기 때문에 항상 원가를 절감해야 한다는 사실로부터 자유로울 수 없다. 이 같은 압박을 받는 고용주로서는 인건비를 줄이는 게 매우 중요한 과제다.

우선 몸값을 올리는 데 관심 있는 사람이라면 누가 더 우월한 지위에 있는지 자신에게 물어볼 필요가 있다. 오랫동안 노동운동을 해온 사람들은 '근로자는 항상 약자'라고 굳게 믿고 있다. 단순 조립이나 육체 노동을 하는 근로자처럼 손쉽게 다른 사람으로 대체할 수 있는 사람이라면 이 말은 진실이다. 그러나 '모든 근로자는 약자'라는 것은 옳은 가설이 아니다.

오늘날은 점점 지식 근로자들이 늘어나 고용주에 비해 우월적인 지위, 즉 협상력을 갖게 되는 근로자도 많다. 기획, 마케팅, 연구 개발, 세일즈 등 다양한 분야에서 능력 있는 사람을 구하기 어려우면 해당 근로자의 몸값은 크게 오르게 된다. 이때 약자는 근로자가 아니라 바로 고용주다. 결국 시장에서 쉽게 구할 수 없는 사람이 협상력, 즉 칼자루를 쥐게 된다.

누군가에게 고용되어 있다면 항상 자신이 가진 협상력의 본질이 무엇인가를 고민해야 한다. 그렇지 않다면 언제든 대체될 수 있고, 몸값을 결정하는 칼자루는 고용주가 쥐기 때문이다. 몸값을 올리는 개인 차원의 전략은 경력 관리다. 같은 직장에서도 자신의 커리어를 어떻게 관리해 나가는가, 혹은 직장은 이곳저곳 옮기더라도 중장기적으로 자신의 경력을 심화, 발전시키기 위한 조직적인 노력도 경력 관리라고 할 수 있다. 기업이 성장을 위한 전략을 필요로 하는 것처럼 개인이 성장을 위한 전략으로 경력 관리가 필요하다.

직장인들 가운데는 야무질 정도로 자신의 경력을 잘 관리하는 사람들이 있다. 이들은 시간이 가면서 점점 타인이 대체할 수 없는 경험, 지식 그리고 기술 등을 갖추어 고객에게 가치를 제공할 수 있는 능력도 점점 더 커져 고용주에게는 없어서는 안 될 사람이 된다. 그렇게 되면 몸값을 상향으로 조정할 수 있는 권한을 자신이 갖게 된다.

그런데 이를 가능하도록 하기 위해서는 자각이나 각성이 필요하다. 두 사람이 똑같은 물리적인 시간 안에 어떤 마음가짐과 태도로 일하느냐에 달려 있다.

몸값을 만들어가는 과정은 운도 따라야겠지만 기업가들이 투자 결정을 하는 것과 다를 바가 없다. 기업가들은 자본과 노동을 투입해 무엇인가를 만들어내고, 직장인들은 자신이 가진 시간과 심적·육체적 에너지를 이용해 경험과 지식 그리고 기술 등을 만들어낸다. 그런데 아무리 노력을 많이 해도 만든 상품이 시장에서 인기를 끌지 못하면 아무 소용이 없다. 따라서 기업가들은 항상 리스크를 안고 살아가는 사람들이다.

직장인도 예외가 아니다. 자신이 준비한 것들이 미래의 시장 상황과 맞아떨어지면 좋겠지만, 그렇지 않은 경우도 얼마든 있다. 기술 변화나 고객의 변화 때문에 자신이 갖고 있는 경험이나 지식 그리고 기술들이 쓸모없어질 때가 얼마든 있기 때문이다. 정말 최선을 다해 직장 생활을 했지만, 자신의 기대와 달리 중간에 직장을 떠날 수밖에 없는 고위직도 있다. 인간의 정리상 이런 일이 일어나서는 안 되겠지만, 시장의 기대치를 만족시키지 못하면 언제든지 밀려날 수밖에 없는 게 직장인의 운명이다. 늘 기억해 할 것은 직업 세계에서도 상품과 마찬가지로 팔리지 않으면 가치가 없어진다는 사실이다.

몸값을 어떻게 관리해 나가느냐 하는 것은 기업가 정신을 갖고 직업 세계를 헤쳐 나가는 것을 뜻한다. 항상 미래를 내다보고 미래에 수요가 있을 법한 것들을 만들어내는 데 적극적으로 노력해야 한다. '우리 모두가 기업가다'라는 모토를 상기하고, 몸값을 관리해야 한다.

자신만의 영역으로 독점적인 지위를 유지하려고 노력하는 것은 기업이나 직장인 모두 같다. 웬만한 실수나 과오가 없는 한 일단 들어가면 머물 수 있던 과거와 달리 요즘은 성과에 대한 관리가 엄해져 직책이나 직위가 보장되지 않는다. 그러므로 스스로를 남이 대체할 수 없는 사람으로 만들어가는 게 중요하다.

'10년 법칙'이라는 게 있다. 한 분야에서 어느 정도의 성과를 내는 사람이 되려면 최소한 10년 가까이 집중적으로 투자해야 한다는 뜻이다. 다시 말하면 일정한 숙성 기간이 지나면 지식이나 숙련도에 큰 변화가 일어난다는 것이다.

왜 몸값을 올려야 하는지는 설명할 필요가 없을 것이다. 우리가 궁극적으로 추구하는 것이 행복이고, 행복하려면 자신이 원하는 물질적 자산이 어느 정도 뒷받침되어야 하기 때문이다.

일단 자신의 몸값이 오르면 같은 시간을 일하더라도 소득이 높기 때문에 그 만큼 여유를 가질 수 있다. 이것은 허들렛일, 즉 자신의 몸값보다 낮은 활동은 다른 사람에게 맡길 수 있다는 것을 의미한다. 기업이 부가가치가 낮은 활동은 아웃소싱을 통해 다른 협력 업체에게 맡기고, 자신은 점점 고부가가치 활동에 에너지를 집중하는 것과 마찬가지다. 가정부나 기사를 고용하는 일 모두 저부가가치 활동을 타인에게 위탁하는 행위라고 보면 된다. 가정부나 기사가 담당하는 업무가 저급한 일이라는 것은 결코 아니다. 화폐 단위로 표시할 때 더 많은 수익을 올리는 방향으로 자신이 가진 자원을 재분배하는 것으로 해석하는 것이다.

이제까지 자신의 상품 가치라는 말은 입에 올리기에는 왠지 거북한 말이었다. 그러나 이제는 그다지 거부감을 갖지 않게 되었다. 몸값을 공개하고, 몸값이 높은 사람에 열광하는 일은 이제 하나의 문화적인 아이콘이 되었다.

인생 경제학 원리

몸값은 수요와 공급의 법칙에 따른다. 특별한 능력을 갖고 있고, 그 능력이 가치를 창출하는 데 크게 이바지하며, 공급까지 제한적인 사람들이 몸값이 높다. 몸값을 높이는 과정은 기업이 기존 상품의 가치를 높이거나 새로운 상품으로 시장을 개척해 나가는 일과 같다.

2. 외모지상주의와 투자수익률

'외모지상주의'라는 말이 있다. 그런데 외모에 그렇게 목을 맬 필요가 있을까? 비난에도 불구하고 한국 사회는 나이나 성별을 불문하고 외모에 대한 관심이 좀처럼 수그러들 줄 모른다. 이를 어떻게 이해하는 것이 좋을까?

자동차에 비유해 보자. 신차가 출시되면 예전 모델들이 마치 구닥다리처럼 느껴진다. 예를 들어 외관이 각진 차가 유행하다가 외관이 둥근 차가 등장하면 외관이 둥근 차가 잠시 이상해 보이지만, 곧 각진 차가 구닥다리로 보이는 것이다.

외모도 이와 비슷하다. 익숙한 기본 모습이 변하는 것이다. 조금 뚱뚱한 모습이 자연스럽다가 언제부터인가 조금 마른 모습이 미의 기본이 되는 것이다. 한마디로 미를 바라보는 기준이 변하는 것이다.

양귀비도 오늘날의 미의 기준으로는 미인이 아닐 것이다.

소득 수준이 낮아 물질이 부족했을 때는 몸집이 풍만한 게 미덕이었다. 그러다 소득 수준이 높아지고 영양이 과부하인 시절이 되면서 사람들의 의식과 미에 대한 관점도 바뀌었다. 결국 미란 것도 절대적인 기준이 존재할 수 없고, 동시대를 살아가는 사람들의 다수가 '이런저런 사람이 미인'이라고 판단하는 데 따라 변한다.

이처럼 미의 기준은 추가되기도 하고 빠지기도 한다. 마치 부자의 기준과 마찬가지라고 보면 된다. 시대가 바뀌면서 부자의 기준도 달라지지 않는가. 치아 교정만 해도 그렇다. 과거에는 일부만 타인의 치아에 관심을 가졌다. 그래서 미국 아이들 대부분이 치아 교정기를 끼고 다니는 것을 보고 굳이 저렇게까지 할 필요가 있을까 하고 생각했다. 그러나 지금은 그렇지 않다. 이미 미의 기준에 가지러한 치아가 포함되기 때문이다.

미의 기준은 다수의 생각에 따라 계속 변하게 마련이다. 그러다 보니 미의 기준을 완전히 무시할 수가 없다. 왜냐하면 고객이 그것을 원할 수 있기 때문이고, 다수의 고객이 생각하는 미의 기준 역시 일반인들 다수가 생각하는 미의 기준과 같을 것이기 때문이다.

여러분이 무엇인가를 판매하는 사람이라면 다수가 생각하는 미의 기준에 여러분 자신을 맞추는 게 옳다. 아니, 옳고 그른 문제를 떠나 더 나은 선택이다. 자기 중심으로 미를 바라보는 시각은 공급자 관점에서 바라본 미의 정의라고 할 수 있고, 고객 중심으로 미를 바라보는 시각은 고객 관점에서 바라본 미의 정의라고 할 수 있기 때문이다.

고객의 관점에 초점을 맞추는 사람은 성공을, 자신의 관점에 초점을 맞추는 사람은 실패를 맛보게 될 것이다. 시장에서 타인과 무엇인가를 주고받는 거래에 참여하는 사람들이라면 어느 정도 외모지상주의를 수용할 수밖에 없다.

좀더 젊게 보이기 위해 외모를 고치는 데 투자하는 중년이나, 늘씬하게 보이기 위해 다이어트에 몰두하는 여성이나, 면접관에게 호감을 주기 위해 외모에 과감히 투자하는 사람은 일종의 고객 감동을 위한 투자를 하고 있는 사람들이다. 이런 노력들이 얼마나 고객들에게 가치를 만들어낼지는 두고 봐야겠지만, 원칙적으로 어느 정도의 효과를 가져올 것은 틀림없다.

젊음, 건강 그리고 아름다움에 대한 욕구는 점점 더 커질 것이다. 다르게 이야기하면 고객들의 욕구나 선호가 이쪽을 향해 빠르게 변해간다는 뜻이다. 신체를 상품화하는 것은 경박함 그 자체라고 불쾌해하는 사람도 있지만, 시장의 선호나 욕구를 반영하는 자연스러운 현상으로 받아들이는 관대함도 필요하다. 한 걸음 더 나아가 이를 적극적으로 이용하려는 노력도 필요하다.

외모에 투자해야 하는 이유는 고가품을 판매하는 세일즈맨이 담배를 끊어야 하는 이유와 같다. 고가품을 구입하는 사람들 대부분은 자신의 건강에 관심이 많은 사람들이다. 그런 고소득자를 고객으로 상대하는 세일즈맨은 당연히 담배를 끊어야 한다. 그렇지 않으면 고객의 관점과 공급자의 관점이 충돌한다.

'뚱뚱한 것은 죄가 아니다'라는 소신을 가진 열아홉 살짜리 학생이 날씬한 여성만을 위한 의류 사이즈에 반기를 들고 '그녀(그)들의 반란(cafe.daum.net/speakupgirls)'이라는 카페를 개설한 기사를 보았다. 다음 기사는 그녀의 용기를 칭찬하면서 그녀의 결심을 전했다.

"미국 생활 1년 만에 10킬로그램이 불어난 저를 본 부모님 표정엔 한숨이 가득했어요. 그다지 신경 쓰지 않았지만, 지난해 오랜만에 엄마와 팔짱을 끼고 새 옷을 사러 백화점에 갔던 기억이 떠올랐어요. 한 매장에서 66사이즈 바지의 단추가 채워지지 않는 거예요. 그게 그 집에서 가장 큰 사이즈였습니다. 제 자신이 부끄러워졌어요. 집에 가자고 어머니를 잡아끌기만 했죠. 수치심에 집에 돌아오자마자 눈을 쏟았어요."

언론에서 호들갑을 떠는 '44사이즈 대세론' 기사를 보며 정씨는 자신이 눈물을 흘린 것처럼 많은 여성들이 고통받고 있을 것이라고 생각했다. "이방인으로서 미국에서 옷을 살 때도 경험하지 못했던 수치심을 고국인 한국에서 느낀다면, 분명 뭔가 한참 잘못된 것이죠."(《한겨레》, 2006. 6. 29)

뚱뚱한 사람을 차별하는 것은 옳지 않을뿐더러 해서도 안 되는 일이다. 그러나 사람들 마음속에 일어나는 거부감까지 막을 수는 없는 일이다. 분명한 사실은 사람들은 큰 흐름에 영향을 받을 수밖에 없다는 것이다. 자신의 준거틀을 순수하게 자신에게만 의존하는 것이 아니라 사회의 일반적인 통념이나 기준에 크게 영향을 받게 된다. 따라서 그녀가 내릴 수 있는 선택은 두 가지다. 하나는 사회 통념과 싸우면서 사람들의 생각과 판단을 바꾸려고 노력하는 것이고, 다른 하나는 식이요법과 운동으로 체중을 관리하는 것이다.

미에 대한 기준의 변화는 상품이나 서비스 시장에서 큰 변화를 가져온다. 기업들은 이런 트렌드를 절대로 놓칠 수 없다. 수요가 있으면 공급이 있게 마련이다. 자연히 트렌드에 동승할 수 없는 사람들의 소외감은 점점 더 깊어질 수밖에 없다. 외모에 대한 것도 일종의 투자라고 보면 된다. 물론 모든 투자가 그렇듯이 투자에 대한 수익률이 높을 것인가 아닌가는 결국 본인이 판단하고 책임져야 한다.

경제학은 외모지상주의에 대해 구체적인 해답을 내놓지 않지만, 효율성이란 관점에서 생각하면 알 수 있다. 다시 말하면 경제학은 늘 자원 배분의 효율성을 극대화하는 데 초점을 맞춘다. 사람들은 자신이 가진 심적·지적·정서적·육체적 에너지의 배분에 관심을 갖고 있을 것이다. 최적의 배분을 통해 최고의 목표를 이루고 싶다면 당연히 고객이 원하는 것을 파악하고, 그것에 맞추어 판단하고 행동하는 것이 바람직하다.

 **인생 경제학 원리**

미의 기준은 동시대 사람들의 생각과 관점을 반영한다. 따라서 고객을 상대로 무엇인가를 판매해야 하는 사람은 고객의 생각과 관점의 변화를 적극적으로 수용해야 한다. 그곳에 시장이 있고 고객이 있다. 현재의 고객과 미래의 고객을 중심으로 생각해 보면, 외모 문제를 어떻게 받아들여야 할지 알게 된다.

3

일생에 한번뿐인 투자 기회, 조기유학

새로운 조어는 세태를 반영한다. 취업 포털 '커리어'가 2006년 상반기 중에 새로 생겨나거나 유행한 신조어를 발표한 적이 있는데, 이때 등장한 것이 '이구생'(20대의 90퍼센트가 백수), '십장생'(10대도 장차 백수가 되는 것을 생각해야 한다)이다. 그냥 웃어 넘기기에는 여러 가지를 생각하게 하는 조어들이다. 누가 만들었는지는 알 수 없지만, 아이들의 미래에 대한 고민과 불안감을 표현한 말이다.

근래 유학생 수가 부쩍 늘어나고 있고, 연령대도 낮아지고 있다. 〈초중고생 해외유학 및 여름방학 캠프 실태〉라는 국회교육위에 제출된 자료에 의하면, 2005년 3월부터 2006년 2월까지 해외유학을 목적으로 출국한 초중고생의 수는 1만 7,640명으로, 같은 기간 동안 전년에 비해 1,200명이 늘어났다. 같은 기간에 귀국한 학생이 5,822명이므로 한

해를 기준으로 하더라도 출국 학생이 귀국 학생의 세 배나 된다.

이제 유학은 일부의 일이 아니라 다수 중산층의 심각한 고민이 되었다. 그리고 그 바탕에는 아이들의 미래에 대한 부모들의 기대와 불안감 그리고 한국 교육에 대한 실망감이 깔려 있다.

아이들에게 유학 기회를 주는 것은 한 가계가 내리는 큰 선택 가운데 하나다. 우선은 유학 비용이 가계의 전체 소득에서 큰 비중을 차지할 수밖에 없기 때문이다. 중학교와 고등학교 그리고 대학교의 경우 대부분 학비가 자비인 점을 고려하면, 충분한 재정 지원 없이는 불가능한 일이다. 한마디로 유학은 한 가계가 내리는 미래를 위한 가장 큰 투자 활동인 것이다.

이 투자 행위의 옳고 그름에 대해 제삼자가 평가를 내릴 수 있는 일은 아니지만, 다수의 사람들이 유학을 선택해 국제 수지에 부정적인 영향을 미치게 되면 '구성의 역설'에 해당된다. 구성의 역설이란 '어떤 원리가 부분적으로는 성립해도, 전체적으로는 성립하지 않을 가능성이 있는데도 전체적으로 성립한다고 추론하는 데서 발생하는 오류'를 말한다.

'저축의 역설'과 마찬가지로 개인의 합리적인 선택이 전체적으로 보면 늘 바람직한 것은 아니다. 가능성은 낮지만, 정부가 유학 연령이나 대상에 개입할 명분을 찾아낼 수도 있다.

물론 시장의 가격 결정 메커니즘을 신뢰하는 사람들은 정부가 크게 신경 쓸 필요가 없다고 말할 것이다. 그냥 수요와 공급의 원리에 맡겨 두면 달러화에 대한 공급보다 수요가 늘어나 환율이 절상될 것이고 원화로 환산하면 유학 비용이 상대적으로 비싸져 유학 수요를 줄일 수 있을 것이라 예측하기 때문이다.

투자는 반드시 수익을 동반하게 마련이다. 그렇다면 유학을 제공해 아이들로 하여금 더 나은 미래를 만들어 훗날 더 많은 소득을 거두게 할 수 있을까? 투입이 많으면 그만큼 수익도 많을 것이라고 추측할 수는 있지만, 미래에 투자수익률이 확실히 오를 거라고 장담할 수는 없다. 일종의 리스크를 안고 내린 투자 결정이기 때문이다. 모든 투자가 그렇듯이 교육 투자 역시 미래에 수익을 꼭 얻는다고 확신할 수는 없다.

유학은 다른 체제에서 다른 교수법으로 완전히 다른 교과목을 배우는 것을 뜻하기 때문에 아이들의 미래에 어떤 영향을 끼치게 될지 정확하게 알 수 없다. 한 가지 확실한 것은 세계가 영어 중심으로 펼쳐지고 있으므로 영어권에서 배우면 최소한 영어에 대한 핸디캡은 확실히 줄어들 거라는 사실이다. 그러나 언어 외에 다른 많은 요소도 많이 얽혀 있는 점을 고려하면 영어 하나만으로 성공 여부를 판단할 수는 없다.

사회 전체의 시각에서도 유학을 바라볼 필요가 있다. 사람들이 유학을 선호하는 이유는 무엇일까? 앞에서도 이야기했듯이 소비자들이 국내보다는 해외에서 양질의 교육 서비스를 받을 수 있다고 판단하기 때문이다.

그렇다면 국내에서도 그런 서비스를 제공하면 되지 않을까? 맞는 말이다. 국내에서도 좀더 다양하고 차별화된 교육 서비스를 공급하면 유학 수요의 상당 부분은 국내에서 흡수할 수 있을 것이다.

유학이나 한국 교육의 경쟁력을 강화하는 부분을 산업 차원에서 접근하면 해법을 얻을 수 있다. 그렇다면 다양하게 차별화된 교육 서비스는 누가 공급할 수 있을까? 과거처럼 정부가 정교한 계획을 세워

일사불란하게 추진할 수 있는 것은 아니다. 다양하고 경쟁력 있는 교육 서비스는 시장 경쟁을 통해 찾아낼 수 있다.

지금까지 나온 여러 가지 대안 가운데 하나가 외국어고, 과학고, 국제고, 국제중 등이다. 그런데 얼마 전 교육부 총리가 나서서 외국어고가 실패한 제도이기 때문에 지역 시도 외에 다른 지역으로부터 학생들을 뽑는 일을 금지하겠다는 발표를 하여 학부모와 학생들의 분노를 산 적이 있다. 교육부가 외국어고가 실패한 제도라고 본 이유는 졸업생 가운데 어문학계 진학률이 낮기 때문이다. 그런데 과연 외국어고가 실패한 제도일까?

아이들의 남은 긴 생애를 생각하면 외국어고를 나온 학생들이 꼭 어문학과에 가야할 이유는 없다. 미국은 대학 신입생들 가운데 다수가 전공을 정하지 않은 상태로 입학하지 않는가. 미국의 대학이 그렇게 하는 이유는 대학 1~2년 동안 충분한 탐색을 통해 전공 분야를 찾아내는 것도 바람직하다고 생각하기 때문이다.

유학이 가진 긍정적인 효과도 있지만, 눈덩이처럼 불어나는 유학 비용을 생각하면 우리도 세계적인 수준을 자랑하는 중학교와 고등학교, 대학교를 만들기 위해 노력해야 한다. 우리가 산업 분야에서 삼성전자나 포스코와 같은 일류 회사를 만들어냈다는 것은 교육 분야에서도 당연히 일류 기업을 만들어낼 수 있다는 것이 아닐까?

과거처럼 국내에서만 선택해야 하는 시대가 아니라 이제는 선택을 해외로 무한하게 확대할 수 있는 시대이기 때문에 외국의 명문 학교들과 필적할 학교를 국내에서도 만들어야 한다.

한편 투자를 행할 때도 가능한 투자수익률을 한껏 올릴 수 있도록 노력해야 한다. 한번 투자해 버리고 난 다음에 그냥 가만 내버려 두는 투자가는 없다. 따라서 단순히 돈을 들여 아이들에게 기회를 주는 것만이 능사가 아니라는 점을 기억해야 한다. 다시 말해 아이들이 공부는 어떻게 하고 있는지, 앞선 학생들은 어떻게 했는지, 더 신경 써야 할 일은 없는지 등 다양한 문제에 관심을 갖고 적절한 조치를 취할 필요가 있다.

그런데 유학이 다른 투자와 다른 점이 한 가지 있다. 그것은 공부할 기회는 두 번 다시 오기 어렵다는 것이다. 다른 투자는 이번에 놓치면 다음에 기회를 잘 활용하면 되지만, 배우는 시기는 다시 돌아오지 않는다. '배움에는 항상 때가 있다'는 말처럼 투자 타이밍을 놓치면 좀처럼 되돌릴 수 없는 것이 자식 농사다.

보내야 하는가, 말아야 하는가? 보낸다면 얼마 정도를 투자해야 하는가? 투자해서 결과를 충분히 얻어낼 수 있을까? 이런 주제들은 다른 투자와 마찬가지로 모두 불확실하다.

간과할 수 없는 것은 유학을 보내는 비용이 이른바 기회 비용이라는 것이다. 다른 곳에 투자했을 때 거둬들일 수 있는 수익을 포기하면서 유학을 보내기 때문이다. 이 문제를 분명히 점검할 필요가 있다.

10년이 지나면 유학에 따르는 프리미엄도 없어질 것이다. 하지만 프리미엄은 없어지더라도 언어 능력의 차이는 크게 벌어질 것이다.

인생 경제학 원리

유학은 한 가계가 내리는 매우 중요한 투자 결정이다. 그러므로 미래를 제대로 전망한 후 투자를 결정해야 한다. 모든 투자에는 기회비용이 따른다. 조기유학이 다른 투자와 차이가 있다면 기회가 다시 돌아오지 않는다는 점이다.

4.. 고시, 매몰비용을 생각하라

노량진에는 대표적인 고시 전문 학원들이 모여 있다. 젊은이들 스스로 일자리를 잡기가 무척 힘들고, 일자리라고 들어가봐야 구조 조정이니 뭐니 해서 오래 머무를 가능성도 줄어들었다. 많은 젊은이들이 대학 도서관에서 공무원 시험 준비에 몰두하고 있는 것도 이 때문이다.

한 대학교수는 대학이 고시 준비 학원이 되어버렸다고 자조했다. 정말 심각한 상황이다. 언젠가 만난 명문대 2학년 학생은 자기 반 학생의 70퍼센트 정도가 고시를 준비하고 있다고 이야기했다. 비단 서울의 명문대학만에 국한된 이야기가 아니다. 전남대 종합인력개발센터가 의대와 치대 그리고 교육대를 제외한 11개 단과대 재학생 2,509명을 대상으로 취업 희망 분야를 조사한 결과, 공무원이 821명(33.58

퍼센트), 공기업이 616명(25.19퍼센트)으로 1위와 2위를 차지했다. 학생 열 명 중 여섯 명이 공직을 지망한다는 분석이다.

매사가 그렇듯 삶도 준비가 필요하다. 그런데 그 준비가 폭발적으로 이루어지는 시기가 재학 시절이다. 물론 준비가 부실한 상태에서 출발해 자신의 자리를 굳건히 만들어내는 데 성공하는 사람도 있지만, 그럴 가능성은 아무래도 낮을 수밖에 없다. 자유롭고 여유 있는 인생을 살아가려면 착실한 준비가 필요하고, 그 준비의 많은 부분이 대학 때 이루어진다.

젊은이들은 고민에 빠지게 된다. 공직으로 진출할 것인가? 취업을 해서 나름의 길을 개척할 것인가? 유학 등을 통해 공부하는 시간을 늘린 후 학교로 진출할 것인가? 아니면 곧바로 사업을 할 것인가? 그러나 미래가 불확실하면 할수록 위험에 도전하기보다도 안주하는 쪽을 선택하게 된다.

요즘 한국 사회는 안정 지향적이다. 그 결과 젊은이들은 깊은 생각 없이 자신의 짧은 젊음을 고시에 투자한다. 제한된 자리를 놓고 젊은이 수십만 명이 좁은 문을 뚫으려고 노력하는 것이다.

대학 시절은 짧게 한정된 시간이다. 공무원 시험에 전부를 건다는 것은 자신의 귀한 젊음을 다른 곳에 투자함으로써 거둬들일 수 있는 수익을 포기한다는 것을 뜻한다. 공무원 시험에 투자하는 데 드는 기회 비용은 다른 선택을 했을 때 거둬들일 수 있는 소득이나 경험 등을 모두 포함한 가치다.

고시에 투입한 4년이란 시간은 경제학적인 용어로 '매몰 비용'이 될 가능성이 높다. 원하는 것처럼 공무원이 되면 괜찮을지 모르지만, 만일 실패하는 경우, 그 비용은 다른 곳에는 사용할 수 없는, 날려버리는 비용이다. 매몰 비용이 아까워 그만두어야 할 시기를 놓쳐버리고 미적거리면서 고시에 매달리는 고시 준비생들을 보면 안타깝기 짝이 없다.

기업가가 리스크를 안는 것과 마찬가지로 인생이란 사업에는 리스크가 따른다. 그런데 이때 지나치게 한 곳에 집착하면 시야가 좁아져 다른 가능성을 보지 못하므로 주의해야 한다.

미래는 어느 누구도 정확하게 전망할 수 없다. 그러나 공직이란 것이 그렇게 매력적인 직업인가에 대해서는 깊은 성찰이 있어야 한다. 나는 공직이 과거처럼 큰 매력이 있는 분야는 아니라고 생각한다.

미래 사회는 개인의 선택과 자유의 폭이 확대된 시대일 것이고, 지금보다 민간 영역도 훨씬 커질 것이다. 나는 '모든 것은 시장으로 간다'는 표현을 자주 한다. 지금은 공직이 보호막이 두꺼운 직업처럼 보이지만, 사회가 고령화되면서 정부 재정도 압박을 받을 게 분명하다. 그런 상황이 되면 정부 조직도 구조 조정의 대상이 될 수밖에 없다. 근래 공무원 연금에 대한 수술 작업이 본격적으로 거론되고 있는 점, 교사 신분을 국가 공무원에서 지방자치단체 소속으로 변화시켜 나가는 점, 고위직 공무원의 인력풀제를 도입하는 점도 시사하는 바가 크다.

미래 전망은 제쳐 두고라도 공직의 불이익을 한번 정도 생각해 볼 필요가 있다. 직업에는 붙박이형이 있고, 유연형이 있다. 붙박이형은 그 직업에서 익힌 경험이나 지식을 다른 곳에 적용하기 어려운 경우를 말한다. 붙박이형인 공직을 마친 다음에 이모작 인생을 성공적으로 개척해 나가는 사람들도 있지만, 일반적으로 공직은 다른 곳에 사용할 수 있는 자산을 만들어내기가 쉽지 않다. 그러나 어떤 사람이 사기업에서 세일즈와 같은 필드 경험을 충분히 하면 그것을 바탕으로 다른 직업 세계를 개척할 가능성이 그 만큼 높다.

직업을 가질 때 단기적으로 보면 이런 문제들이 크게 부각되지 않지만, 중장기적으로 보면 간과할 수 없을 만큼 중요한 부분이다. 그러니까 자신이 지금 투입하는 시간이 단순히 일용할 양식을 구하는 데만 머물 것이 아니라 미래 어느 시점에 사용할 자산을 만드는 데 도움이 된다고 하면 현재 업무에 몰입하고 집중하는 정도도 그 만큼 증가할 것이다.

이를 경제학 용어로 표현하면 대체 가능성이 높은 자산으로 자기 자신을 만들어갈 수 있는가, 아닌가이다. 대체 가능성이 높은 자산을 가진 사람은 사기업 영역, 특히 필드와 근접된 분야에서 경력을 쌓은 사람들이다. 물론 소수이긴 하지만 고위 공직에서 물러났을 때 자신의 인간 관계망을 이용해 산하 단체나 로펌 등에서 일정 기간 동안 일할 수 있는 사람도 있다. 이 또한 자신이 공직에서 쌓아온 자산을 활용하는 것으로 보면 된다.

지금까지의 논의는 일반적인 논의다. 따라서 특별히 공직에 사명감을 갖고 있거나 일반 국민들에게 봉사한다는 사명을 갖고 있는 사람에게 이 같은 논의는 무용지물이다. 앞서 지적한 것은 경제적인 관점에서 고시를 선택하는 사람들이다.

공무원 조직에 몸담고 있는 사람들의 직무 만족도가 어느 정도인지는 정확히 알 수는 없지만, 중앙 부서에서 일하는 유능한 사람들이 사기업 영역으로 자리를 옮기는 것도 미래 사회의 변화를 시사한다. 다시 말하면 예전처럼 전통적인 관료들이 최고위직을 차지하는 데 그치지 않고 외부 충원을 늘릴 것이다. 이런 상황 변화에 따라 각 부처의 능력 있는 사람들이 경력을 다각화하기 위해 전직하는 일이 많다.

물론 모두가 고위직을 목표로 하지는 않을 것이다. 큰 변화를 싫어하고 안정적인 직업을 선호하는 사람에게는 앞으로도 공직이 매력적인 직장으로 남을 것이다. 그러나 보수 면에서 민간 기업의 상대적인 격차는 점점 확대될 수밖에 없다는 것을 알아야 한다.

인생 경제학 원리

직업 선택은 자유다. 젊었을 때 직업을 결정하는 일은 개인의 투자 결정 중에서 가장 중요하다. 젊음이라는 한정된 자원을 자신이 선택한 분야에 투자하는 결정이기 때문이다. 안정도 중요하지만, 길게 보았을 때 공직을 선택하는 게 옳은지 잘 따져봐야 한다. 현재라는 특정 시점을 기준으로 하는 최적화가 아니라 인생이라는 시간 전체를 두고 이루어지는 최적화가 되어야 한다.

5 승진의 속도

입사를 하고 나면 누구나 승진이라고 하는 사다리를 오르게 된다. 앞서거니 뒤서거니 하면서 서서히 우열이 가려진다. 일본의 종합생활개발연구소와 교토 대학교의 연구 결과를 종합해『승진의 경제학』을 집필한 다치바나키 도시아키와 일군의 학자들은 승진에 관해 다음과 같은 연구 결과를 제시했다.

먼저 임원 승진을 살펴보자. 첫째, 무엇보다 실적을 올리는 것이 가장 중요하다. 그리고 이어서 꾸준히 노력하는 것이 중요하며, 마지막으로는 상사의 도움이 있어야 하고, 운도 좋아야 한다. 나아가 동기에게 뒤지지 않겠다는 의지도 중요하고, 회사 인간으로 살아갈 필요도 있다.

(…) 과장 승진을 살펴보자. 첫째 무엇보다 심사 결과가 중요하고,

이어서 연령과 근속이 중요하며, 마지막으로 상사가 끌어주는 게 중요하다. 과장급 이상으로 승진하는 데는 상사의 끌어주기가 더욱 중요하다. 심사 결과란 본인의 실적을 중심으로 업무 성과를 평가하는 것을 말한다.

연령과 근속은 경제학적인 해석이 가능하지만, 까다로운 것은 상사의 끌어주기다. 명문대 출신이기 때문일지도 모르고, 편애일지도 모르고, 진짜로 유능하다고 판단했기 때문일 수도 있다. 상사가 끌어주는 이유에는 여러 가지 요인이 복잡하게 얽혀 있을 것이다. (다치바나키 도시아키 외, 『승진의 경제학』)

누구나 승진하고 싶기 때문에 경쟁할 수밖에 없다. 자리는 한정되어 있고, 조직은 성과를 갖고 시장에서 경쟁하기 때문에 아무래도 성과를 중심으로 승진이 이루어질 수밖에 없다.

사기업처럼 경쟁이 치열할수록 성과가 뛰어난 사람들에게 승진의 우선권이 주어지는 것은 명백한 사실이다. 다만 시장 구조 자체가 치열함과는 거리가 멀거나 독과점적 지위를 갖고 있는 경우에는 다른 요소가 중요할 수도 있다. 다시 말해 밀어주기라는 것인데, 인간 사회에서 이 같은 일을 배제할 수는 없다.

그런데 조직은 직원들에 대한 변별력을 언제 알게 될까? 내 경험상 입사 후 얼마 되지 않아 알아차릴 수 있다. 입사해서 특정 업무를 맡은 지 얼마 되지 않더라도 재능을 한껏 발휘할 수 있는지 아닌지 판가름 난다.

전통적으로 일본 기업들은 오래 경쟁시킨 끝에 우열을 판단해 왔고, 미국은 불과 몇 년 안에 우열을 가려 승진을 단행함으로써 업무에 맞지 않는 사람들로 하여금 거취를 일찍 결정하도록 유도해 왔다.

잭 웰치(Jack Welch)는 자신의 저서에서 엄격한 평가를 통해 직원들로 하여금 스스로 미래를 준비하도록 하는 것은 당연하다고 이야기한다. 스스로가 직책에 맞지 않는다고 판단하면 떠나도록 하는 것이 조직에도 좋고 직원에게도 좋다는 것이다. 온정주의로 젊은 직원을 봐주는 것은 바람직하지 않다는 것이다.

어떤 사람들은 하위 10퍼센트의 사람들로 하여금 회사를 그만두게 하는 것은 너무 잔인하고 몰인정하다고 말하지만, 오히려 그 반대다. 스스로 더 발전하려고 노력하지 않는 사람을 계속 붙잡아 두는 것이야말로 더 잔인한 짓이요 거짓된 친절이다. 가장 잔인한 짓은 나이가 들어 직업을 선택할 기회가 줄어들고, 자녀들이 성장해 교육비가 엄청나게 늘어날 때까지 기다렸다가 회사를 그만두게 하는 것이다. (잭 웰치, 『잭 웰치·끝없는 도전과 용기』)

도달할 목표를 높게 잡고, 멋진 직업인으로 살아가고 싶다면 간단하지만 명료한 원칙, 즉 자신에게 맞는 직업에 종사해야 한다.

따라서 직장에 들어오고 난 다음에는 스스로가 직업이 요구하는 것과 자신이 잘 맞느냐 안 맞느냐를 변별해 내는 게 중요하다. 이런 점에서 한국과 일본의 조직은 적극적인 것 같지 않다. 그러니까 직원 개개인으로 하여금 스스로 그런 인센티브를 가질 수 있도록 과감한 승진 인사를 감행하지 않기 때문이다. 이에 반해 미국 기업들은 아주 적극적이다. 미국에서는 우열의 차이를 곧바로 승진에 반영해 버리기 때문에 젊었을 때부터 승진 격차가 크다.

한국 P&G와 해태제과 사장 등을 거치면서 국내외 비즈니스 경험을 가진 LG생활건강의 차석용 사장은 연세대학교에서 열린 강연에서 한국 기업과 외국 기업의 차이는 무엇인가라는 질문에 명료하게 우리 기업은 젊은 인재를 사장하는 구조라고 말했다. 일찌감치 개인의 우열을 가려 성과를 낼 수 있는 사람과 그렇지 않은 사람들 사이에 격차를 내는 일을 너무 늦게 한다는 것이다. 그러면서 이런 일은 입사 5년 만에 브랜드 매니저가 되지 못하고, 10년 안에 사장에 오르지 못하면 스스로 나가야 하는 P&G 같은 외국 기업에서는 상상도 못할 일이라고 했다. 그가 상상도 할 수 없는 일은 지나치게 평등하게 승진하는 일이다.

결국 성과를 극대화하는 데 모든 것을 맞추는 게 조직이다. 이런 점에서 미국 기업들이 성과 면에서 걸출한 능력을 발휘하는 것도 초년부터 승진 격차를 분명히 하는 인사제도 덕분일 것이다.

그러나 여러분이 몸담고 있는 조직은 한국적인 관행을 따르고 있을 것이다. 경제학에서는 제도라는 것이 인센티브에 결정적인 영향을 미친다고 이해한다. 사실이다. 인간이란 인센티브에 충실한 존재이기 때문에 인센티브 구조가 어떻게 되어 있는가에 따라 행동이 달라지기 때문이다.

따라서 굵고 짧게 사는 방식을 택하기보다는 얇고 길게 사는 쪽을 택하는 사람들이 많다. 가능한 특출나게 두각을 나타내지 않도록 조심하면서 장기전에 돌입하는 것이다. 지나치게 빨리 승진하지도 않고, 그렇다고 해서 지나치게 늦지도 않게 중간 정도를 유지하면서 가능한 조직에 오래 머무는 것이다. 단기적인 극대화가 아니라 중장기적인 극대화 전략이라는 점에서 어느 정도 현명한 작전일 수도 있다.

하지만 자칫 훗날 큰 비용을 지불할 수도 있다는 것을 알아야 한다. 맞지 않는 직종에서 귀한 시간을 소비하는 것일 수 있기 때문이다. 이것은 직장이나 직무 그 자체를 미래를 위한 투자 개념으로 보았을 때 엄청난 낭비요 손해다. 단기적으로 약간의 편안함을 선택하는 대가로 지불해야 할 비용이 어느 정도일지 생각해야 한다. 다치바나키와 연구진들의 조언을 들어보자.

불과 몇 년 안에 자신이 동료에 비해 뒤진다는 사실을 깨닫는다면 그 쯤에서 직업이나 직장을 바꾸는 게 좋을지도 모른다. 다른 회사나 산업으로 옮기면 새로운 활로를 찾을 수 있을지도 모르기 때문이다. 40세를 넘긴 뒤에 옮기는 것보다는 훨씬 합리적인 대책일 수 있다. (다치바나키 도시아키 외, 『승진의 경제학』)

그렇다면 직장 생활 초기부터 자신의 능력을 지나치게 드러내는 경우는 어떻게 될까? 경제학적으로는 설명하기 곤란한 감정적인 문제들인 질투와 시기를 받지 않을 수 없다. 조직이란 한편으론 개인의 능력을, 다른 한편으론 팀워크를 요구하기 때문에 지나치게 탁월한 능력을 발휘하는 사람들은 자의반 타의반으로 조직을 떠나게 된다. 그러므로 무난하게 처신해야 오랫동안 조직에 머물 수 있다.

경제학은 최적화를 다루는 학문이므로 기업에는 이익의 극대화를, 소비자에게는 만족의 극대화를 가정하게 된다. 직장 생활을 해 나갈 때 두 가지 선택이 있다. 첫째는 단기적인 극대화, 둘째는 장기적인 극대화다. 단기적인 극대화라고 해서 굳이 색안경을 끼고 볼 필요는 없다. 따라서 추구하는 목적에 따라 단기적인 극대화를 선택할지, 아니면 장기적인 극대화를 선택할지 결정해야 한다. 필자의 경험에서 우러나온 판단이기에 편견이 있을 수도 있지만, 경쟁 환경이 느슨한 조직에서는 장기적인 최적화를 선택한 사람이 남보다 오래 직장에 머물고 고위직까지 올라간다. 물론 어떤 길을 선택할지는 전적으로 자신에게 달려 있다.

 **인생 경제학 원리**

우리나라의 승진 제도는 천천히 격차를 벌려가기 때문에 자신에게 맞지 않는 분야에서 너무 오래 일하느라 시간을 허비하기 쉽다. 한 곳에 오래 머무는 것 자체가 목적이라면 천천히 가는 길을 선택할 수 있지만, 자신의 가치를 극대화 하기 위해 전직도 가능하다고 생각하면 단기간에 최적화를 도모해야 한다.

기회, 더 이상 없는가

이 분야, 저 분야에서 나름대로 성공한 사람들을 만날 때마다 시장 경제라는 것이 대단히 역동적인 체제라는 생각을 하게 된다. 좋은 교육을 받았다고 해서 반드시 기회를 잡는 것은 아니다. 조직에 몸담고 있는 사람들에게 학업이란 것이 중요할지 모르지만, 자기 사업에서는 거의 관계가 없어 보인다.

《월스트리트저널》이 미국 500대 기업의 최고경영자(CEO)들이 어느 학교 출신인지 조사한 적이 있다. 똑똑한 젊은이들은 어려운 관문을 통과해 아이비리그에 들어가고 싶어한다. 그러나 놀랍게도 아이비리그 출신 최고경영자는 500대 기업의 10퍼센트밖에 되지 않았다. 《월스트리트저널》의 조사는 아이비리그 졸업장이 결코 최고경영자가 되는 '확실한 경로'가 아니라는 것을 보여준다. 공부를 잘하는 것과 사업을 잘하는 것은 완전히 다른 일이다. 더욱 중요한 사실은 시장경제란 처음부터 승부가 결정된, 견고한 성채가 아니라고 하는 것이다.

시장경제는 열려 있는 시스템이다. 상황 변화에 맞추어서 계속 변하기 때문이다. 처음부터 완벽함과는 거리가 먼 체제다. 공해 문제가 발생하면 그 문제를 해결하기 위해 시간을 두고 적절한 변화가 일어나는 것과 마찬가지로 상속, 증여 등과 같은 과제도 적절한 제도 변화를 통해 해결된다.

시장경제를 열린 시스템으로 이해하는 사람과 닫힌 시스템으로 이해하는 사람들은 각각 일과 생을 대하는 태도도 근본적으로 다를 수밖에 없다. 시장경제를 닫힌 시스템으로 바라보는 사람에게 시장경제는 기득권을 가진 사람들이 그렇지 못한 사람들을 철두철미하게 억압하는 체제로 보인다. 그렇기 때문에 자신에게는 기회가 전혀 없다고 생각한다. 그렇게 받아들이는 사람은 결국 시장경제를 뒤엎는 게 최선이라고 생각한다.

하지만 시장경제를 열린 시스템으로 받아들이는 사람은 시장경제를 마치 바닷가에 밀려오는 파도처럼 작은 기회와 큰 기회가 끊임없이 밀려오는 것으로 이해한다. 여러분은 이 두 가지 가운데 어떤 것이 옳다고 생각하는가? 닫힌 시스템으로 생각하는 사람들은 막심 고리키의 『어머니』에 나오는, 노동운동을 통해 사회 변혁을 꾀하는 주인공 파벨의 최후 변론을 인용할 것이다.

우리는 혁명가입니다. 어떤 자는 계속 명령만 하고, 다른 자는 끝없이 일만 하는 상태가 계속되는 한 혁명가로 머물러 있을 것입니다. 우리는 당신들이 이익을 옹호하도록 명령받고 있는 사회에 반대하고, 타협하지 않으려는 이 사회의 적으로 과감히 일어설 것입니다. 우리가 승리를 쟁취할 때까지 우리 사회에서 화해는 불가능할 것입니다. 당신들을 위임한 사람들은 당신들이 생각하고 있는 것만큼 그렇게 강하지 않습니다. 그들이 수백만 명의 인간을 희생해서 축적하고 보유한 그 사유재산제 자체가, 또 우리에 대한 그들의 지배권을 부여하는 권력 자체가 그들 사이에 적대적인 마찰을 불러일으키고, 육체적으로나 정신적으로 그들을 파괴하고 있습니다. 사유재산제는 그것을 유지하기 위해서 너무나도 많은 긴장을 필요로 하므로, 우리의 지배자인 당신들 모두는 우리들 못지않은 노예입니다. 당신들은 정신적으로 노예가 되어 있지만, 우리는 단지 육체적으로만 노예가 되어 있을 뿐입니다. 당신들은 편견과 관습의 압력, 당신들을 정신적으로 살해한 권력을 거부할 수가 없습니다. 그러나 우리에게는 내면적으로 자유를 방해하는 것이 하나도 없습니다. (막심 고리키, 『어머니』)

20세기 초 러시아 임금 노동자의 곤고한 삶이 이렇게 생각하게 했을 것이다. 주인공의 법정 진술은 자본주의 체제를 기득권으로 이루어진 철옹성으로 그리고 있다. 아마도 이 같은 관점이 뜨거운 피를 가진 많은 젊은이들로 하여금 자본주의를 타도하는 길로 달려가게 만들었을 것이다.

그러나 시장경제는 원래 이렇게 견고한 기득권으로 만들어진 체제가 아니다. 시장경제는 누구에게나 가능성을 열어놓고 있다. 교육을 얼마나 받았든, 어느 지방 출신이든, 성별이 어떠하든 자신의 발전 가능성은 궁극적으로 자신의 상품이나 서비스가 구매자에게 어느 정도 기여할 수 있는가에 달려 있다. 물론 기여할 수 있는 능력의 크고 작음이나 좋고 나쁨에 학벌이나 신체와 같은 조건들이 영향을 미칠 수 있다. 그러나 그런 객관적인 조건들을 뛰어넘어 성공한 사람들이 한둘이 아니다.

우리가 사용하고 있는 대부분의 상품이나 서비스는 없던 것을 만들어낸 것이고, 있는 것도 더욱 편리하고 좋게 만든 경우에 해당한다. 최근 대히트한 한경희 스팀 청소기를 예로 들어보자. 이 제품이 나왔을 때 오랫동안 생활가전을 해오던 삼성과 LG는 왜 우리가 그 생각을 못했을까 하고 몹시 후회했을 것이다. 그러나 기회는 또 있었다. 스팀 청소기를 사용하는 사람들은 진공청소기를 사용한 다음에 스팀 청소기를 사용하는 데 불편함을 느꼈을 것이다. 그래서 등장한 것이 진공 청소와 스팀 청소를 한꺼번에 해결하게 해준 새로운 청소기다.

이처럼 시장경제에 난공불락이란 없다. 한경희 스팀 청소기가 등장한 다음에 기존의 1,300만 대 규모의 진공 청소기 시장에 스팀 청소기가 더해져 청소기 시장의 규모가 무려 200만 대까지 육박했다. 이것이 시장경제의 매력이다. 고객들에게 새로운 가치를 제공할 수 있다면 시장은 언제든지 열려 있다. 복합 기능을 들고 나온 청소기가 어느 정도의 시장을 만들어낼 수 있을지는 앞으로 두고 볼 일이다. 그러나 이런 사례 하나만으로도 시장경제가 얼마나 역동적인지 짐작하고도 남을 것이다.

시장경제 속에서 살아가는 사람들에게 필요한 것은 고객의 욕구와 필요를 남보다 먼저 알아차려 그들을 만족시킬 수 있는 능력을 갖추는 일이다. 이것이 기업가 정신이다. 기회가 없다고 한탄할 것이 아니라 기회를 알아차리는 능력이 없음을 반성해야 한다.

기업가 정신은 기회를 식별하는 정신이다. 이는 어느 분야에서든 변화를 주도하고, 새로운 영역을 적극적으로 개척해 나가는 사람들의 공통점이다. 기업가 정신을 갖고 새로운 기회를 만들어냄으로써 자신을 돕고 타인을 도우려면 우선 개인의 노력이 우선되어야 한다. 기업가 정신을 특별한 사람들의 예외적인 능력으로 생각하는 한 평생 동안 타인의 지시나 감독 그리고 통제에 의해 주어진 일만 하다가 죽을 것이다.

타인에게 더 많은 가치를 제공하는 주역이 될 수 있다는 신념과 믿음을 갖는 일이 필요하다. 그러나 기업가 정신은 얼마든지 조직이나 사회 전체의 차원에서 이루어질 수 있다. 세율을 낮추고, 개인이 얻는 대가가 더 많을 수 있게 보장하는 굳건한 재산권 제도 역시 기업가 정신을 강화하는 데 도움이 될 것이다.

시장경제는 지금 이 순간에도 끊임없이 변하고 있다. 그 변화 속에 위기와 함께 기회가 있다. 기회를 잡고 위험을 관리해 나가는 일은 다른 사람이 대신해 줄 수 있는 일이 아니다. 그런 동력을 제공하는 것이 무엇이든 위기를 활용하고 위험을 관리하는 사람은 바로 자신이다.

시장경제가 차갑게 느껴지기도 하지만, 모두의 책임은 어느 누구의 책임도 아니라는 것, 즉 앞에서 언급한 '공유의 비극'을 생각하면 된다. 『자본주의가 미국을 어떻게 구했는가?(*How Capitalism Saved America*)』라는 책을 집필한 토머스 J. 딜로렌조(Thomas J. Dilorenzo)는 초기 정착민이 곡물 수확에 실패해 굶주리게 된 원인이 처음 7년 동안 땅을 공동으로 소유했기 때문이라고 말한다. 영국 정부는 1611년 제임스타운을 세운 지 4년 만에 사람들에게 각자 3에

이커의 땅을 분할해 주고, 회사에서 일하는 시간을 1년 중 한 달 이내로 줄였다. 그 결과 각자 자신의 지적·육체적 에너지를 전부 투입해 성공을 향해 앞으로 달려갔다. 오늘날 의미로 기업가 정신을 활성화하도록 제도를 바꾸었던 것이다. 이로써 초기 정착민들은 굶주림에서 벗어났고, 작물 생산은 크게 증가했다.

각자가 책임을 져야 하는 그런 변화가 두렵기 때문에 안주하는 본성이 늘 공정이란 이름을 앞세워 형평이나 평등을 요구하게 만드는지도 모른다. 이러한 본능을 벗어나려고 노력하지 않는다면 삶은 늘 곤고함으로 가득찰 수밖에 없을 것이다.

 **인생 경제학 원리**

시장경제는 역동적인 시스템이자 열린 시스템이다. 따라서 기회는 끊임없이 밀려온다. 이런 기회를 알아차리는 기업가 정신으로 기회를 이용해 부를 창출할 수 있어야 한다.

모든 부자는 부채를 갖고 있다

착실한 사람들일수록 빚을 지는 데 대해 알레르기 반응을 일으킨다. 모든 부채는 멀리해야 한다고 굳게 믿는 것이다. 학력이 높을수록, 사람들과 부딪치는 일이 적은 일에 종사하는 사람일수록, 재무에 대해 제대로 공부해 본 경험이 적을수록 빚에 대한 선입견이 굉장히 강하다. 경제학자들 가운데서 큰 부를 축적한 사람이 드문 것도 빚에 대한 견해 때문일 것이다. 건강한 가정에서 자란 사람들일수록 어린 시절부터 빚에 대해 끊임없이 경고를 받으며 자란다. 필자 역시 수산업을 하던 아버지 덕에 '빚＝부담＝반드시 피해야 할 일'이란 고정관념을 갖게 되었다.

그런데 중요한 것은 부채에 강한 선입견이나 편견을 갖고 있는 사람들일수록 재정적으로 독립할 가능성이 낮다는 사실이다. 부채에는 좋은 부채가 있고, 나쁜 부채가 있다. 타인의 돈을 빌려서 자동차 할부금을 지불하는 것은 명맥하게 나쁜 부채에 속한다. 개인을 위한 재무 컨설팅으로 명성을 얻은 데이브 램지(Dave Ramsey)는 할부를 떠안고 자동차를 구입하는 일이야말로 부자가 되는 길에서 멀어지는 지름길이라고 강조한다. 예를 들어 약 55개월 동안 매월 378달러씩 할부금을 지불하면 자동차 할부가 끝날 쯤에는 곧바로 또 새 차를 다시 할부로 구입해야 하기 때문에 평생 동안 할부금 인생에서 벗어날 수 없다는 것이다. 그 대신 25세부터 65세까지 매달 378달러를 연이율 12퍼센트짜리 뮤추얼 펀드에 투자한다면, 65세에 약 444만 7,084달러를 받게 될 것이다.

결국 소비성 빚을 지느냐 아니면 투자성 빚을 지느냐의 문제다. 타인의 돈을 빌려서 투자를 하는 경우에 부채는 하나의 자산이다. 그런데 대다수 사람들이 이런 간단한 사실을 모르고 산다.

같은 직장에서 비슷한 경제적 조건으로 출발한 갑이란 사람과 을이란 사람이 있다고 가정해 보자. 갑은 재산을 불리는 일에 관심이 많고, 다른 사람의 돈을 활용하는 것도 꼭 필요하다고 생각한다. 그런데 을은 안전한 것이 최고라고 생각하고, 그 어느 부채도 져서는 안 된다고 생각한다.

두 사람이 재산을 불리는 방법도 다를 것이다. 갑은 은행으로부터 적절한 부채를 안고 이곳에 집을 얻었다가 다시 팔고 저곳으로 옮기는 일을 반복해 10년 정도가 지나 제법 번듯한 집을 장만할 뿐만 아니라 어느 수준에 도달한 재산이 눈덩어리처럼 굴러 어마어마해져 있을 것이다. 그러나 을은 자신의 돈을 모아 자기 집을 산다는 믿음에 따라 행동할 것이다. 돈을 모아 집을 사려면 그때마다 집값이 저 만큼 올라

10년이 지나도 집을 장만하지 못할 것이다. 아마 몇 번 정도 결정적인 기회를 놓칠 것이며, 곱씹을 때마다 아픈 기억이 있을 것이다.

우리 사회는 전자는 악한 사람으로, 후자는 선한 사람으로 생각하는 경향이 있지만, 이론적으로나 현실적으로 갑이 현명한 것은 틀림없는 사실이다. 이는 부채에 대한 선입견이란 것이 얼마나 중요한가를 말해 준다.

기업금융의 중요한 개념 가운데 하나가 레버리지 효과다. 차입금 등 다른 사람의 자금을 빌려 자기 자본 이익률을 높이는 것을 말한다. 예를 들어 10억 원을 투입해 1억 원의 수익을 올린다면, 투자하는 자본의 100퍼센트가 자기 자본인 경우에는 자기 자본 이익률이 10퍼센트가 된다. 하지만 10억 원 가운데 자기 자본 5억 원에 다른 사람으로부터 꾼 5억 원을 더해 투자해 똑같은 수익을 거두면, 자기 자본 이익률이 20퍼센트가 된다. 재무 전문가들은 차입금에서 발생하는 금리 비용보다 높은 수익이 기대되면 타인의 자본을 이용하라고 권한다. 물론 과도하게 이용했을 경우에는 금리 부담으로 인해 위험해질 수도 있다.

갑자기 외환 위기가 닥쳤을 때 많은 기업과 가계가 급등하는 이자 부담을 감당하지 못해 망한 것은 레버리지 효과가 때로 부정적인 효과를 가져온다는 것을 보여준 사례다. 따라서 재무 전문가들은 "부채란 마치 양날 검과 같다. 자기에게 좋은 연장이 될 수도 있지만, 잘못하면 자기 몸에 칼자국을 낼 수 있다"고 지적한다. 한편 자영업이나 사업을 하는 사람들은 세금 문제 때문에 타인의 자금을 사용하는 비중을 높이기도 한다.

『한국의 젊은 부자들』을 쓴 박용석은 『부채도 자산이다』라는 글에서 생산적인 부채는 개인의 재산 증식 과정에서 매우 중요하다고 강조하고 있다.

평범한 사람들은 자신에게 주택을 구입할 충분한 자금이 있다면, 높은 이자가 무서워서라도 결코 은행에서 돈을 빌리는 일은 없을 것이다. 그런데 젊은 부자들은 대출금을 갚을 충분한 돈이 있는데도 왜 갚지 않는 것일까? 보통 사람이라면 가용 자금이 생길 때마다 은행 대출 원금을 조금이라도 더 갚아보려고 노력할 것이다. 하지만 젊은 부자들은 자기 돈이 있는데도 왜 남의 돈이라고 할 수 있는 은행 돈을 빌려 부동산이나 기타 투자에 뛰어드는 것일까? 대부분의 사람들은 돈을 빌려 투자를 한다는 건 너무 무모하다고 판단한 나머지 몸을 사릴 텐데 말이다. 한마디로 젊은 부자들은 빚에 대한 마인드 자체가 일반인들과 다르기 때문이다.

생산적인 부채는 적극적으로 활용할 필요가 있다는 말이다. 『부동산 투자는 과학이다』라는 책을 집필한 고종완은 부를 축적한 인물들 대부분이 생산적인 부채를 적극적으로 활용한 사람들이라고 말한다.

부동산 투자의 고수 중에 순수하게 자기 돈만으로 그렇게 된 사람은 소수에 불과하다. 그렇다면 이들은 어디에서 자금을 끌어들였을까? 필자가 만난 고수들 중에 처음부터 이런 것을 다 갖춘 사람들은 전체의 20퍼센트도 채 되지 않았다.

고수들은 확실히 되겠구나 하는 강한 확신을 가졌을 때, 그리고 수지 타산이 맞다고 확신이 섰을 때 자신만의 특별한 방법을 동원해 자금을 마련한다. 그들도 처음에는 주변의 인맥을 동원하지만, 그것만으로는 한계를 절실히 느끼게 된다. 그때부터 그동안 투자해서 번 돈을 종자돈 삼아 은행이나 다른 금융 인프라의 메커니즘을 이용하기 위해 금융기관 대출 담당 직원과 친해지려고 노력한다. 이런 노력의 결과가 쌓여 돈이 필요할 때 다른 사람보다 손쉽게 자금을 융통하는 것이다.

자금의 레버리지 효과, 즉 지렛대 효과를 이용하느냐 하지 않느냐의 문제는 결국 내 자본만 이용해서 돈을 벌 것인가, 아니면 다른 자본을 이용해서 돈을 벌 것인가 하는 문제다.

자기 자본만 가지고 정직하고 안전하게 돈을 벌겠다는 생각은 너무도 순진한 발상이다. 레버리지 효과는 결국 위험의 대가다. 레버리지 효과는 금리는 내리고 부동산 가격은 상승하는 시기에 적극 활용할 만하다. 금리가 오르고 부동산 가격은 하락하는 시기에 레버리지 효과를 쓰면 손실이 두 배로 확대되기 때문이다. 따라서 레버리지 효과도 금융 및 부동산 시장의 동향을 보아가며 그때그때 활용 여부를 판단해야 한다. (고종완, 『부동산 투자는 과학이다』)

많이 배운 사람일수록 안전을 선호하는 경향이 강하기 때문에 큰돈을 벌기가 어렵다. 안전과 위험 사이에 적절한 균형을 유지하는 일이 말처럼 쉬운 것은 아니지만, 적절한 위험을 안지 않고는 결코 부자가 될 수 없다. 그리고 본인이 생각하기에 어느 정도 만족할 만한 부를 축적하기 전까지는 안전이나 편안이라는 삶의 가치를 부보다 후순위에 놓도록 해야 한다.

그러면 개인이 질 수 있는 적정 부채 규모는 얼마일까? 다양한 의견이 있지만, 재무 설계 전문가들은 순소득 기준으로 매달 부채 상환 비중이 40퍼센트 이하여야 한다고 말한다. 그리고 자기 총 자산의 40퍼센트 이내로 하라고 조언한다. 그러나 부채 상환액이 가계 순소득의 20퍼센트를 넘지 않아야 한다고 말하는 전문가들도 있다.

인생 경제학 원리

부채에는 생산적인 부채와 비생산적인 부채가 있다. 소비성 지출을 위해 부채를 끌어다 쓰는 것은 현명하지 못하다. 그러나 수익이 기대되면 적절한 부채를 안고 자신이 감당할 수 있는 리스크 한도에서 투자하라. 위험 없이는 수익도 없다. 부를 축적하는 활동의 본질은 리스크를 안는 데 있다. 리스크를 짊어지기 싫다면, 부자가 되는 일은 포기해야 한다.

8. 주식, 앞으로도 유망할까

주위에는 주식투자를 해서 돈 좀 벌었다는 사람들이 별로 없다. 부의 속성상 "주식으로 돈 좀 벌었소!" 하고 외칠 수는 없지만, 삼성전자 주식만 꾸준하게 사 모은 사람이라도, 불과 5년 전에 20만 원대이던 것이 지금은 세 배 정도 올랐으니, 단순히 수치로 표현해 5년 만에 300퍼센트 수익률이라는 대박을 터트렸을 것이다.

미국의 다우존스가 보여주듯이 성장세를 꾸준히 기록하는 시장에서 주식에 돈을 투자하는 것은 현명한 전략이다. 그러나 우리 주식시장은 그동안 우여곡절이 많아서 종합주가지수가 1,000원대를 돌파한 것만도 대단한 사건이었다.

주식, 채권, 부동산 중 어느 하나에 지나치게 집착할 필요는 없다. 수익을 올리는 데 도움이 되면 주식이든 채권이든 얼마든지 할 수 있다.

그중에서 주식은 부동산과 달리 환금성이 뛰어나 여러 모로 편리하다. 요즘에는 펀드 등을 통해 자신이 직접 나서지 않더라도 수익을 올릴 수 있는 다양한 상품이 있다. 게다가 앞으로 우리나라 가계의 자산 가운데 상당 부분을 차지하는 부동산에 대한 규제가 점점 강화되고 있기 때문에 재테크 수단도 크게 바뀔 것이다. 이렇게 정부 정책이 바뀌면 아무래도 자산을 소유하고 있는 방법에 따라 희비가 크게 엇갈릴 수밖에 없다.

주식을 투자하는 경우 개인의 판단이 매우 중요하다. 그것은 경제를 어떻게 전망하는가에 달려 있다. 우호적인 시각을 갖고 있다면, 선택에 따라 수익률은 차이가 나겠지만, 전반적인 상승기에는 혜택을 보게 된다. 주식은 경제 상황의 종합 진단표라고 불러도 무리가 없다. 더 많은 사람이 전문가에게 주식이나 채권 투자를 일임하는 간접 투자 상품, 즉 펀드가 중요한 재산 증식 수단으로 떠오를 것이다. 모든 것을 전문가에 맡기는 시대가 오는 것이다.

다가올 변화 가운데 재산을 불리는 일이나 위험을 관리하는 일과 관련된 전망만큼 중요하고 매력적인 주제도 드물 것이다. 분석가들과 경제 전문가들의 존재 이유야말로 남보다 조금 더 나은 미래 전망과 위험 관리에 도움을 주기 위해서가 아니겠는가. 미래를 결정짓는 변수 가운데 특히 눈여겨봐야 할 것은 인구 구성비의 변화다. 잡다한 다른 변수들은 제쳐 두고 인구 구성비만 예리하게 분석해도 미래를 제대로 내다볼 수 있다.

최근에 나온 저명한 경제예측가인 해리 S. 덴트는 『버블 붐』에서 인구 구성비의 변화가 가져오는 미래에 대해 이렇게 이야기하고 있다.

2000~2002년 사이의 대폭락에도 불구하고 가장 큰 경기 호황과 강세 시장은 아직 끝나지 않았다. 역사상 규모가 가장 큰 세대인 베이비 붐 세대의 소득과 소비를 보여주는 인구 통계학적 흐름은 2000~2002년 사이의 하락 시장에서도 결코 멈추지 않았다. 이러한 흐름은 2009년 또는 2010년까지 계속될 것이다. 이번 10년의 하반기 중에 전기, 자동차, 전화 그리고 아마도 1400년대 말의 인쇄술 발명 이후 최대 기술 혁명이 최정점을 맞게 될 것이다. 특히 생산성 향상과 주식시장에서 호황을 보여줄 것이다.

그가 향후 2010년까지의 상황을 긍정적으로 바라보는 이유는 인구 통계, 글로벌화 그리고 기술적 진보 때문이다. 이 가운데 특히 1980년대 초 이후 베이비 붐 세대의 소득과 소비 그리고 생산성 상승 주기가 전례없는 경기 호황을 주도할 것이라고 확신한다.

그러면 2010년을 정점으로 대호황을 경험하고 난 다음에는 어떤 상황이 전개되리라고 내다보는가? 엄청난 규모의 불황기라고 단언한다. 해리 S. 덴트는 확신에 찬 목소리로 이렇게 주장하고 있다.

경기 호황의 최종 단계는 2009년 말이나 2010년 초가 될 것이다. 새로운 산업의 선두주자들은 과거 10년이 아니라 다가오는 10년 사이에 결정될 것이다. 그러므로 이번 10년 안에 투자와 사업, 경력 관리에서 절호의 기회가 찾아올 것이다. 당신이 어디에서 어떻게 살든, 앞으로 다가오는 10년은 엄청난 호황기일 뿐만 아니라 그 이후 겪게 될 불황에 대비한 일생일대의 투자 기회, 사업과 경력을 재정립할 최적의 시기가 될 것이다.

정신 바짝 차리고 기회를 잡으라고 외치는 해리 S. 덴트는 소득과 소비, 투자를 주도하는 베이비 붐 세대가 가장 왕성하게 활동할 시기인 40대를 막 넘어서는 타이밍을 2010년으로 보고 있다. 물론 미국 기준이지만 말이다.

한편 인구 구성비의 변화가 가져올 수 있는 활력에 대해 우리나라 시각으로 분석한 책은 최근에 나온 김영호의 『베이비 붐 랠리』다. 이 책 역시 가장 왕성한 소비와 투자를 견인하는 베이비 붐 세대들의 구성비 변화를 중심으로 미래를 전망하고 있다. 특히 근래 몇 주처럼 주가가 요동치는 시대에 김영호의 견해를 소개하는 것이 과연 적절한가 싶겠지만, 그의 전망은 누구도 거부할 수 없는 명백한 트렌드, 즉 인구 구성비의 변화가 가져오는 파고라는 점에서 주목할 가치가 있다.

2005년에 주가가 많이 올랐지만 이것은 준비 운동에 불과하다. '주가가 그렇게 많이 올랐는데, 그리고 지금까지 1,000 포인트를 조금 넘겼다 떨어져버리곤 했는데' 하면서 주저하는 분들에게 지금의 주식시장은 과거와 크게 다르다는 것, 그리고 고점까지 아직 시간이 많이 남아 있다는 점을 강조하고 싶다. 아직 주가는 갈 길이 많이 남아 있다. 돌발 사태만 없다면 주가는 일부에서 주장하는 것처럼 10년 이상의 장기 상승은 아니라도 적어도 3~4년은 큰 폭으로 상승할 것이다.

그러면서 미래를 제대로 준비하려면 자산 포트폴리오를 주식 중심으로 적극적으로 재구성해야 한다고 말한다. 그는 2006년에 상큼하게 출발해, 2007년에는 가속도가 붙고, 2008년에는 2005년의 기록과는 또 다른 신기록들이 쏟아져 나오는 한 해가 될 것이며, 2009년은 주가의 고점이고, 2010년부터는 매우 위험한 시대가 될 것으로 예상하고 있다. 한마디로 돈을 벌고 싶다면 앞으로 3~4년이 최적기라는 것이다. 이 같은 충고를 받아들일 것인가 말 것인가는 전적으로 스스로에게 달려 있다.

저자는 40대 인구가 주가를 결정하는 중요한 변수라고 말한다. 왜냐하면 40대 인구가 가장 공격적 투자 성향을 보이기 때문이다. 결과적으로 인구 구성비 가운데 40대가 가장 큰 비중을 차지하는 시점에 주가 역시 높은 수준을 유지할 가능성이 높다는 것이 핵심 주장이다. 그렇다면 우리나라의 경우 40대 인구는 2015년에서야 정점을 이루게 되는데, 앞으로 3~4년 동안만 투자 최적기로 보는 이유는 무엇일까?

앞에서 말한 것처럼 미국의 경제 주력 부대인 40대 인구의 증가세가 2010년에 막을 내리기 때문이며, 그때 미국의 경기 침체로 인한 영향력을 중국이 충분히 흡수하지 못할 것이라는 점 때문이다. 이를테면 미국 경제의 침체가 중국의 대미 수출 격감을 가져오고, 이는 다시 중국 경기의 위축을 가져오며, 두 나라 모두의 경기 침체는 한국 경제의 침체를 가져오기 때문이다. 인구 구성비의 변화와 대외 변수의 변화가 빚어내는 결론은 3~4년의 주가 상승과 이후의 상당한 하락이므로 중장기 미래 전망에 참조해야 한다.

결국 정기적금에 돈을 넣어 두고 안전하게 미래를 기다릴 것인가, 아니면 성장세를 기록할 것으로 예상되는 주식시장에서 자신도 한 몫 챙길 것인가를 선택해야 한다.

하지만 재테크는 고수들이 참가하는 게임임을 잊지 말아야 한다. 특히 주식시장에서 펀드 등을 이용한 간접 투자가 아니라 본인이 직접 투자를 하고 있다면, 그야말로 고수의 세계에 뛰어들어 승부를 걸고 있다는 사실을 잊지 말아야 한다.

인생 경제학 원리

주식투자는 상당한 위험을 안는 적극적인 투자 방식이다. 주식시장에서 승자가 되려면 다수의 선호와 수요의 변화를 잘 읽어야 한다. 자신을 중심으로 시장을 보지 말고 참가자 중심으로 시장을 읽을 수 있어야 한다. 사람들이 특정 주식이나 주식시장에 어느 정도 참여하는가가 중요하다. 그것만 미리 읽을 수 있으면 돈을 벌 수 있다.

제3장 생존과 번영의 경제학

누가 일자리를 만드는가

일자리는 생계 수단 이상의 의미를 갖고 있다. 인간은 일을 통해 자신의 정체성을 확인하고, 자아실현을 하기 때문이다. 따라서 어느 사회든 '쓸 만한' 혹은 '제대로 된' 일자리를 지속적으로 만들어내려고 고민하게 된다.

한국의 총 취업자는 모두 2,213만 9천 명(2005년 기준)이다. 인구가 4,849만 7천 명(2006년 기준)임을 고려하면, 총 인구의 약 45퍼센트 정도가 어떤 형태로든 직업을 갖고 있다. 참고로 제조업에 종사하는 사람은 418만 명으로 그 비중이 점점 줄어드는 추세다.

한 사회에 존재하는 일자리의 종류와 수 그리고 고용 형태는 계속해서 변화하고 있다. 고객의 필요나 욕구의 변화, 시장 상황의 변화 그리고 기술 발전 정도에 따라 특정한 일자리가 없어지기도 하고 생겨나기도 한다. 경쟁력을 상실한 기업들이 문을 닫거나 중국이나 아세안 국가 등으로 이동하기 때문에 일자리가 없어지기도 한다. 또한 사업가들이 채산성이 떨어지는 분야를 버리고 더 나은 분야를 찾아 끊임없이 자원을 재배치하는 과정에서도 일자리가 사라진다. 한국경영자총연합회에 따르면 중국과 교역을 본격화한 1995~2005년까지 5,000개의 기업과 21만 개의 일자리가 중국으로 이동했다고 한다. 이는 지난 11년 동안 하루 평균 52개의 일자리가 이동했음을 뜻한다. 앞으로도 약 10년간 36만 개의 일자리가 추가로 이동할 것이라고 한다.

미국의 경영컨설턴트이자 저명한 강연자인 톰 피터스(Tom Peters)에 따르면 중국에서는 매 26분마다 새로운 공장이 세워지고 있는데, 대부분이 외국 자본에 의한 것이라고 했다. 또한 매 43시간마다 외국 기업이 운영하는 연구소가 새로 오픈된다고 했다. 이렇게 시시각각 새로운 일자리가 만들어지는데도 불구하고 일자리 때문에 소요 사태가 끊이지 않고 있다.

중국 상무부의 공식 통계에 따르면 지난해에만 44만여 명의 근로자들이 일자리를 찾아 해외로 나갔다. 통계에 잡히지 않은 불법 송출을 감안하면 실제로 해외 취업자 수는 그 두 배로 추정된다. 경제가 상대적으로 많이 발전해 숙련 인력 수요가 많은 장쑤(江蘇)와 푸젠(福建) 등 동부 연안의 배후 농촌 지역에서 해외이주가 활발한 것으로 분석됐다. 지역 경제 수준이 높아지면서 기술이 없는 농민 출신들에겐 취업 기회가 오히려 줄고 있다는 뜻이다. (《중앙일보》, 2006. 4. 14)

그런데 위의 일자리 이동 수치에 과민하게 반응할 필요는 없다. 마치 국가 간에 경제 전쟁이 일어나는 것처럼 해석할 필요가 없다는 것이다. 왜냐하면 자연 현상과 마찬가지로 일자리란 끊임없이 만들어지고, 끊임없이 사라지기 때문이다. 일자리가 만들어지는 과정은 대단히 역동적이다.

한 사회가 사라지는 일자리와 해외로 나가는 일자리를 보충하고도 남을 정도의 일자리를 계속 만들어낼 수 있으면 애초에 실업 문제는 발생하지 않을 것이다. 그러나 현재 우리나라의 상황처럼 없어진 일자리를 메울 수 없을 만큼 일자리를 만드는 일이 더디거나 일자리를 만들어내는 일 자체가 어렵다면 큰 문제가 아닐 수 없다.

한편 미국의 조지 W. 부시 대통령은 메릴랜드주 록빌에 있는, 뛰어난 설비와 커리큘럼을 갖춘 공립학교인 마그넷 스쿨을 방문한 자리에서 다음과 같이 말했다.

여러분이 텍사스주 미드랜드에 살든, 아니면 메릴랜드주 몽고메리 카운티에 살든 인도 어린이와 중국 어린이와의 경쟁에서 필요한 기술을 갖지 못하면 새 일자리는 인도와 중국으로 가게 될 것이다. (《연합뉴스》, 2006. 4. 20)

결국 앞으로 더욱더 진전될 시장 통합 현상은 기업가들로 하여금 이윤을 극대화할 수 있는 곳을 선택하게 해줄 것이다. 이제 '제대로 된 일자리를 어떻게 만들어낼 것인가' 하는 문제는 세계의 거의 모든 사회가 고민해야 하는 문제가 되었다.

그러다 보니 정치를 하는 사람이나 나랏일을 맡은 관료들도 일자리 창출에 적극적으로 나서고 있다. 정부가 주도하는 일자리 창출 프로젝트가 등장하게 된 것이다. 정부가 가난한 사람들을 돕는다든지, 출산율을 높이기 위해 저소득 가정의 부담을 덜어준다든지, 공공도서관에 대한 지원 인력을 늘린다든지, 취업을 하지 못한 젊은이들에게 인턴으로 일할 기회를 준다든지 하는 프로젝트들이다.

그런데 이런 종류의 시도는 실패하거나 턱없는 낭비를 낳는 경우가 많으므로 주의해야 한다. 예를 들어 정부가 일자리를 만들어내기 위해 A라는 프로젝트에 100억 원을 들인다고 하자. 안타깝게도 100억 원을 투입하는 사람들 머릿속에는 기회 비용이란 개념이 없다. 정부가 주도하는 일자리 창출 프로젝트에 100억 원을 투입하는 대신 민간의 경제 주체들에게 맡기는 게 더 효과적일 수 있다. 민간 기업들이 그 돈으로 상품이나 서비스를 구매함으로써 일자리가 만들어질 수 있기 때문이다.

그런데 정부는 이러한 생각은 안중에도 없다. 왜냐하면 정부가 직접 나서는 일자리 창출 프로젝트의 효과는 눈에 보이지만, 민간 경제 주체를 지원했을 때 일어나는 효과는 눈에 보이지 않는 데다 아직까지 그렇게 해본 적이 없기 때문이다.

정부가 세금을 거둬 특정 부문의 재정 지출을 늘리면 마치 일자리가 늘어나는 것처럼 보이지만, 대개 돈을 투입하고 있을 때만 반짝 효과가 있을 뿐, 재정 투입이 끝나거나 줄어들면 효과는 금방 사라진다. 왜냐하면 정부가 인위적으로 수요를 만들어낸 것이기 때문이다. 결국 실제 수요를 충족하기 위한 투자가 아니라 관료들 머릿속에 들어 있는 수요를 생각한 투자이기 때문이다.

게다가 정부가 지출하는 돈은 하늘에서 떨어진 돈이 아니라 국민들로부터 나온 돈이다. 또한 일자리 창출 프로젝트를 관리하고 운영하는 데 추가로 드는 비용도 만만치 않다는 것을 염두에 두어야 한다. 따라서 프로젝트에 직접 투입되는 재정 지출과 프로그램 관리 및 운영에 투입되는 재정 지출을 합하면 정부가 주장하는 것과 달리 그 효과가 턱없이 적을 때가 대부분이다.

이런 효과를 측정하기 위해 흔히 사용되는 승수 효과는 정부가 재정 지출을 늘리면 총 수요가 얼마나 증가하는지를 측정하는 것이다.

일반적으로 정부가 추진하는 일자리 창출 프로젝트의 경우 승수 효과는 1보다 적다. 이것은 엄청난 낭비가 발생했음을 뜻한다. 민간에게 맡겨 두었더라도 소비와 투자를 통해서 1보다는 훨씬 큰 총 수요를 낳았을 것이다.

정부의 일자리 창출 프로젝트 이야기가 나올 때 빠지지 않고 등장하는 사례가 바로 뉴딜 정책이다. 이는 루즈벨트 대통령이 대공황을 극복하기 위해 주도했던 인위적인 일자리 창출 프로젝트다. 그러나 미국에서 일자리가 만들어진 것은 뉴딜 정책 덕분이 아니라 제2차세계대전이 끝나고 나서 민간 투자가 증가했기 때문이다.

미 연방정부는 뉴딜 정책을 수행하기 위해 1933년에 16억 달러이던 조세를 1940년에 53억 달러로 늘렸다. 세금이 무려 세 배나 증가한 것이다. 소비세, 소득세, 상속세, 법인세 그리고 초과이윤세 등 모든 세금이 올랐다. 이로 인하여 투자자와 기업의 투자 심리가 얼어붙으면서 민간 투자가 극도로 침체되었다. 그 결과 불황이 장기화되었으며, 많은 일자리기 없어져 1930년대에는 연평균 17퍼센트의 실업률을 기록했다. (한국경제연구원, 『경제상식의 허와 실』)

한마디로 정리하면 정부는 제대로 된 일자리를 만들어내기 어렵다. 중앙정부, 지방정부 다 마찬가지다. 그렇다면 누가 일자리를 만들어낼 수 있는가? 이윤에 따라 움직이는 기업과 민간인들과 같은 경제 주체들이다. 이들은 인위적인 수요를 창출하는 사람들이 아니라 실제로 존재하거나 앞으로 생길 수요를 예상하고 투자한다. 이들이 투자를 하면 그 투자액은 몇 배나 되는 승수 효과를 낳게 되고, 마치 꼬리에 꼬리를 무는 것처럼 서로서로 수요를 자극함으로써 일자리 만들기가 촉진되기 때문이다.

언젠가 한 국회위원이 "일자리 만들기는 개인 각자가 책임져야 할 몫이다. 정부가 책임질 일이 아니다"라고 말해서 사람들로부터 크게 비난받은 적이 있다. 그러나 냉정하게 따지고 보면 이 말이 진실이다. 자신이 가진 기술이나 지식에 대한 수요를 만들어내는 것은 사회가 책임져야 하는 것이 아니라 결국 개인이 책임져야 할 부분이다.

그러나 그의 발언은 진실의 또 다른 단면을 무시하고 있다. 그것은 경제 주체들이 미래를 낙관하고 위험 부담을 안으면서 일자리를 만들어낼 수 있도록 정부가 세금 부담을 낮추고 투자 환경을 개선하며, 돈을 벌 수 있는 분위기를 제공해야 하기 때문이다.

직접 나서서 일자리를 만들라고 정부에 요구해서는 안 된다. 앞에서 이야기했듯이 엄청난 낭비와 비효율만 낳기 때문이다. 정부가 주도하는 일자리 창출의 실상은 대부분 자연스럽게 아래와 같은 모습으로 끝난다.

정부가 올해 1조 5,463억 원을 들여 청년과 고령자, 저소득자 등 52만 7천여 명에게 제공하기로 한 일자리의 상당수가 세금만 축내는 '거품 일자리'임이 드러나고 있다. 이중 최대 1년까지 지원하는 13만 개의 이른바 '사회적 일자리'도 대부분 허드렛일인 데다 생계에 도움이 안 될 정도로 저임금이다. 과거 '영세민 취로사업'의 재판이다.

국회 예산정책처의 보고서에 따르면 산모와 신생아 도우미 사업은 당초 1만 1,192명의 일자리 창출 효과가 있다고 추정했으나 연간 상시 고용 효과는 894명에 불과했다. 당초 계산을 '2주짜리 임시직' 기준으로 했다고 하니 과거의 전시행정을 쏙 빼닮았다. 노인 일자리는 재활용 유리병 수거나 불법 포스터 떼기 등 단순 노동 일색이다. 398억 원이 쓰이는 대학생과 고교생 대상 '청소년 직장 체험 프로그램'도 상당수가 컴퓨터나 들여다보며 시간을 때우는 일들뿐이다. 거품 일자리 만들기의 폐해는 세금 낭비에 그치지 않는다. 관리한다며 공무원을 늘리면 필연적으로 규제가 늘어나고, 이것이 다시 성장의 발목을 잡는 악순환이 계속된다. (…) 정부는 올해 1,800여 명의 '사회봉사' 공무원을 늘리기로 했다. (《동아일보》, 2006. 4. 3)

정부의 통계에는 이곳에서 흙을 파서 저곳으로 옮기는 일조차 일자리 창출로 잡힐 것이다. 우리나라만의 이야기가 아니라 어느 나라 정부든 그렇다. 같은 돈이 경제 주체들에 의해 소비되고 이를 통해서 생산활동이 이루어질 때 제대로 된 일자리가 만들어진다.

인생 경제학 원리

정부가 일자리를 직접 만들면 안 된다. 만드는 것처럼 보여도 엄청난 낭비를 낳기 때문이다. 정부는 투자 환경을 적극적으로 개선해 민간이 일자리를 창출하도록 도와야 한다. 이윤을 추구하는 사람만이 제대로 된 일자리, 즉 부가가치를 만들어내는 데 기여하는 일자리를 만든다. 일자리를 찾고, 유지하고, 더 나은 일자리를 찾아 직장을 옮기는 것은 결국 개인이 알아서 해야 할 일이다.

{2. 대한민국 잠재성장률의 현실

올 한 해는 살림살이가 좀 나아질까? 살림살이는 부분적으로는 경제성장률에 달려 있다. 경제성장률은 한 나라 경제의 건강 상태 혹은 활력 정도를 나타내는 대표적인 지표이기 때문이다. 경제성장률이 낮아진다는 것은 일자리가 줄어드는 것을 뜻하며, 동시에 처분 가능한 소득의 증가율이 낮아지는 것을 뜻한다.

최근 경제성장률이 3~4퍼센트대까지 떨어지면서 경제성장률이 다시 회복될 수 있을까 걱정하는 목소리가 높아지고 있다. 미래의 경제성장률을 추측해 볼 수 있는 방법 중 하나는 '잠재성장률'에 대한 전망치를 이용하는 것이다. 많은 전문가들은 큰 변화가 없는 한 우리 경제의 잠재성장률은 4퍼센트대 초반까지 떨어질 것이라고 전망한다.

잠재성장률은 한 국가의 잠재GDP(잠재국내총생산)의 성장률을 뜻하며, 한 국가가 갖고 있는 자원을 이용해 물가를 자극하지 않고 도

달할 수 있는 최대 성장 여력 혹은 성장 능력을 뜻한다. 달리 이야기하면 경기 과열을 유발하지 않는 수준의 경제성장률을 말한다. 이때 잠재GDP는 한 나라의 경제가 갖고 있는 총 공급 능력으로, 노동과 자본, 기술 등에 의해 결정되며, 한 나라의 경제가 성장하는 장기적 경향을 나타낸다. 따라서 실질GDP는 잠재GDP 주위에서 변동하게 된다.

경제 성장 이론은 한 경제의 잠재GDP는 총 공급에 의해 결정된다고 가정한다. 총 공급은 경제 내의 모든 기업들이 사용 가능한 노동과 자본, 기술을 사용해 생산하는 모든 재화와 서비스의 합이다. 노동은 근로자들이 실질GDP를 생산하기 위해 사용 가능한 총 시간이다. 자본은 근로자들이 실질GDP를 생산하기 위해 사용 가능한 공장과 경작지, 기계, 컴퓨터들과 기타 도구들의 합이다. 기술은 근로자들과 기업들이 실질GDP를 생산하기 위해 사용할 수 있는 조직 체제로부터 개선된 통신과 보다 양호한 컴퓨터 프로그래밍 기술에 이르기까지, 이용 가능한 모든 노하우다. 노동, 자본, 기술이 결합해 총 공급을 결정한다. (존 테일러, 『테일러 경제학』)

그러면 잠재GDP가 떨어진 이유는 무엇일까? 여러 가지 요인이 있겠지만, 근래 들어 눈에 띄게 낮아지고 있는 투자를 들 수 있다. 편의상 한국 경제를 세 단계, 즉 1972~1979년, 1980~1997년 그리고 1999~2004년으로 나누어 본 뒤, 각 기간 동안 국내총생산의 평균 증가율(설비 투자 평균 증가율)을 대비해 보면, 각각 8.3(25.1)퍼센트, 7.6(8.5)퍼센트 그리고 4.1(3.5)퍼센트임을 알 수 있다. 투자 부진이 결정적인 역할을 하고 있는 것이다.

시간과 비용을 들여 한국 경제의 중장기 성장 전망을 내놓을 수 있는 곳은 국책 연구소나 각종 이익 단체 혹은 민간 연구소일 것이다. 우리 경제의 미래와 관련한, 솔직하고 객관적인 전망으로는 2004년 9월 삼성경제연구소가 발표한 〈경제 재도약을 위한 10대 긴급제언〉이 있다. 이 자료는 한국의 잠재성장률이 1970~1989년에 7.9퍼센트, 1990~1995년에 7.0퍼센트, 1996~2000년에 5.4퍼센트, 그리고 마침내 2004~2010년에 4.0퍼센트로 계속 떨어지고 있으며, 잠재성장률 하락 원인은 '내수 침체와 수출 신장세 둔화, 미래 신산업 결여, 낮은 고용률, 고비용, 양극화, 고령화 그리고 사회적 갈등 때문'이라고 말한다.

거의 1년이 지난 2005년 6월에는 '국회 시장경제와 사회안전판 포럼'에서 삼성경제연구소가 주도한 보고서 〈매력 있는 한국—2015년 10대 선진국 진입〉이 발표된 적이 있다. 이 보고서는 미래 전망과 관련해 2005년부터 2015년까지 10년 동안 한국 경제가 당면하게 될 상황을 세 가지 시나리오, 즉 실패 시나리오, 현 상태 지속 시나리오 그리고 성공 시나리오로 그리고 있다.

실패 시나리오: 지속적인 저성장으로 후진국으로 전락. 2005~2015년간 잠재성장률은 2.6퍼센트로 급락하고, 경제 규모도 14위로 하락.

현 상태 지속 시나리오: 성장률 둔화로 현재보다 후퇴. 2005~2015년간 잠재성장률이 4.1퍼센트로 둔화되고, 경제 규모도 세계 12위로 하락.

성공 시나리오: 6.3퍼센트 성장으로 10대 선진국 진입. 삶의 질은 선진국에 버금가는 수준까지 향상. 경제력 향상으로 고령화 문제 및 통일 비용에 대한 부담 능력이 제고됨에 따라 삶의 질 개선을 위한 적

극적인 투자가 가능. 교육 및 의료 서비스, 교통, 치안 등 생활과 밀접하게 관련된 분야의 투자가 증가. 환경, 자원 문제 등은 선진국과 공동 해결하고, 여가, 남녀평등, 문화 등과 같은 적극적인 생활의 질 개선에 사회 역량 집중. 우리에게 주어진 '마지막 기회의 창'을 어떻게 활용하느냐가 시나리오를 결정. 향후 10년이 한국의 운명을 좌우. 10대 선진국으로 도약하느냐, 지금처럼 주변국으로 남느냐, 아니면 후진국으로 전락하느냐가 결정됨. (삼성경제연구소, 〈매력 있는 한국—2015년 10대 선진국 진입〉, 2005. 6. 29)

지금부터 5년 정도의 시간을 두고 한국 경제를 바라보면 '실패 시나리오'가 될 가능성은 아주 낮다. 그렇다고 해서 현재의 상황이 지속되는 한 역동적인 성장세를 회복할 가능성은 그다지 높지 않다. 물론 한국 경제의 역동성 회복을 최우선 정책으로 두고, 노동과 자본 그리고 기술 등에 긍정적인 영향을 미칠 큰 전환점을 마련하면 불가능한 일은 아니다. 하지만 현재를 기준으로 향후 5년 전후를 내다보면 성공 시나리오는 가능성이 높지 않다.

가능성이 가장 높은 시나리오는 4퍼센트 내외의 성장세를 기록하는 시나리오다. 지금보다 더하지도 덜하지도 않은 상태가 계속되는 경우를 예상하면 된다. 잠재성장률 하락 원인을 제대로 이해하면 앞을 내다보는 데 도움이 된다.

금융연구원의 최공필 박사는 잠재성장률 하락을 산업 부문별 생산성 격차가 점점 확대되고 있는 데서 찾고 있다.

수출 제조업의 생산성과 여타 내수 산업 사이에 생산성 격차가 확대되고 있는 반면, 수출 제조업의 고용 효과는 줄어들고 있다. 따라서 수출이 호조를 보이더라도 결과적으로 경제 전반에 긍정적인 영향을 많이 주진 않는다. 예를 들면 경제 성장에 대한 서비스업의 기여도는 1980년대와 1990년대 중반까지만 하더라도 50~60퍼센트대에 머물렀지만, 최근에 이르러서는 20~30퍼센트대까지 하락하고 있다.

성장 잠재력(주어진 부존 자원과 활용도, 수요 기반 그리고 기술 발전을 고려하여 얻어낼 수 있는 공급 측면의 능력을 의미하므로 중장기적 관점에서 중요한 개념—편집자 주) 하락 원인을 고용 불안과 노동 투입의 감소, 특히 산업 기반의 양극화 문제, 즉 부문별 생산성 격차 확대에서 찾을 수 있다. (…) 생산성이 낙후된 부문이 많을수록 전반적 고용 불안이 가중되는 것은 극히 당연한 이치다. 실증 분석 결과 제조업과 물류, 통신업과 건설, 금융, 서비스업의 생산성 격차는 갈수록 확대되고 있다. (…) 다시 말해 성장 잠재력 하락은 우리 경제가 근본적으로 특정 산업, 즉 수출 제조업의 생산성 향상에 과도하게 의존하고 있는 반면, 여타 산업의 생산성은 부진한 상태로 남아 있는 데 기인한다. (《주간 금융 브리프》, 2005. 6. 4.~2005. 6. 10)

한국의 제조업은 외환 위기를 경험하면서 생산성 향상에서 괄목할 만한 성과를 거두었다. 가혹한 구조 조정의 와중에서 도태될 기업들은 도태되고, 살아남은 기업들은 과거와 비교할 수 없을 정도로 건강해졌다. 반면에 내수 산업은 정치·사회적인 이유 때문에 제대로 된 구조 조정을 경험하지 않았다. 자영업을 비롯해 농업, 교육, 의료 등 내수 산업 전반에 걸친 생산성 향상에는 개방 확대와 보호막 제거로 인해 정치적 부담이 따른다. 따라서 경제 논리보다는 정치사회 논리가 우선 채택될 가능성이 높다. 내수 산업은 경제 논리보다는 생존 논리가 앞서는 부문이면서 정치적 이해득실을 우선할 수 없는 입장에서 선뜻 손대기 힘든 부문이기도 하다.

생산성 격차 외에 자본 투입량이 예전처럼 활발하지 않은 것 또한 우리 경제의 고민거리다. 그래도 '경제를 하려는 의지'는 상황의 변화에 따라 충분히 복원되는 것을 고려하면, 부문별 생산성 격차의 확대에 비해 조금은 후한 점수를 줄 수 있을 것이다.

국가를 이끌어가는 사람들의 우선 과제는 물가를 위협하지 않는 한도 내에서 연간 경제성장률을 높이는 일이다. 그러려면 어떻게 하면 되는가? 한 나라의 실질GDP는 세 가지 결정 요소, 즉 노동, 자본, 기술과 일정한 함수 관계를 갖고 있기 때문에 '실질GDP＝F(노동, 자본, 기술)'과 같은 생산 함수로 표시할 수 있다. 간략하게 정리하면 많은 노동 투입, 많은 자본 투입 그리고 높은 기술 투입으로 실질GDP를 끌어올릴 수 있다. 그런데 많은 노동 투입이 가능하려면 누군가가 그들을 고용하려고 나서야만 한다. 게다가 미래를 내다보고 적절한 리스크를 감당하면서 자본 투입을 결정해야 한다. 장기적인 경제 성장은 이들 세 가지 요소의 양과 질의 변화가 있을 때 가능하다.

물론 개인이 나름대로 업무 추진 방법을 개선하는 일도 필요하지만, 투자 증가률을 높이는 데는 제도적인 요인이나 심리적인 요인이 무척 중요하다. 투자를 결정하는 사람들은 이윤을 낼 수 있는 가능성을 보고 투자를 하게 된다. 그러므로 정부는 규제를 완화하고, 세율을 낮추고, 각종 준조세 부담을 경감해 주고, 정부 정책에 대한 신뢰성을 높여야 한다. 게다가 그동안 생산성이 여타 부문에 비해 현저하게 높아진 사례에서 교훈을 얻어야 한다. 그것이 바로 경쟁적인 분위기를 확산하는 일이다.

　최근 활발히 논의되고 있는 자유무역협정 체결 또한 경쟁적인 환경 조성이란 측면에서 바람직한 방향이라고 본다. 가혹하게 들릴지 모르지만, 치열한 경쟁을 통해 사회 전체의 생활 수준이 높아지기 때문이다. 역설적이긴 하지만, 경쟁은 개인의 이익 추구를 적절히 절제하게 만들고, 경제 성장에 강력한 동력원으로 작용하기 때문이다. 혹자는 분배와 성장을 마치 별개인 양 말하지만, 건실한 경제 성장 없는 분배란 말잔치일 뿐이다.

인생 경제학 원리

경제성장률이 낮다는 것은 생활 수준이 낮아지고, 실업이 증가한다는 것을 뜻한다. 경제성장률을 끌어올리려면 기업이나 개인이 투자를 활발히 하고 더 많은 인력을 고용할 수 있도록 정부가 제도를 정비하는 등 분위기를 조성해야 한다. 이때 정치적 역할이 매우 크다. 사람들은 미래에 대한 기대나 희망이 있을 때 더 많이 투자하고, 더 많이 소비하기 때문이다.

3 사교육, 선택과 경쟁의 자유

집값과 사교육비만 낮출 수 있다면 얼마나 좋을까? 이것이 이 땅에서 살아가는 사람들의 간절한 소망이자 바람이다. 교육부 수장이 바뀔 때마다 입시 제도를 바꾸지만, 그 효과라는 것이 신통하기는커녕 오히려 더 나빠지고 있다.

2004년과 2005년에도 국내의 체감 경기는 찬바람이 쌩쌩 불 정도로 바닥 상태였다. 여권이 2006년도에 있었던 5.31 지방선거에서도 참패할 정도로 내수 경기의 불황이 심각했다. 그런데도 사교육비 지출은 경기 상황에 관계없이 매년 증가하고 있다. 한국은행은 2004년 가계의 목적별 최종 소비 지출액(명목 가격) 가운데 국내 사교육비 지출액을 7조 9,600억 원으로 추정했다. 이는 2003년의 7조 4,200억 원에 비해 7.3퍼센트 증가한 액수다. 한편 가계 교육비 지출에서도 사교육비가 차지하는 비중은 2000년의 28.4퍼센트, 2001년의 31.4퍼센트, 2002년의 32.0퍼센트, 2003년의 33.7퍼센트에 이어 2004년에는 34.1퍼센트로 매년 증가하고 있다.

한편 또 다른 사교육비에 해당하는 해외연수 및 유학 비용도 이에 뒤지지 않을 정도로 많다. 해외 사교육비에 해당하는 해외유학 및 연수 비용은 2004년에 24억 9천만 달러로, 원화로 추산할 경우 2조 8,400억 원에 이른다. 그러나 이처럼 공식적인 경비 외에 동반 가족의 생활비 등을 추계해 합산할 경우 2004년에 71억 달러, 원화 기준으로 8조 1천억 원에 이른다.

국내 사교육비 8조 원에 해외 사교육비 8조 원을 더하면 2004년만 하더라도 약 16조 원이 지출된 셈이다. 교육 예산이 25조 원 정도인 것을 생각하면 그 규모가 얼마나 큰지 알 수 있다. 아마도 이 추계치는 최소한의 액수일 것이다. 왜냐하면 추계치를 계산할 때는 비공식적인 지출 항목까지 추정하기는 어렵기 때문이다.

통계청이 발표한 공시적인 자료를 보면, 소득 최상위 10퍼센트 계층의 월평균 사교육비가 33만 원, 최하위 계층의 사교육비가 3만 4천 원이라고 이야기하지만, 이처럼 적은 액수를 액면 그대로 믿을 사람이 몇이나 될까?

한국보건사회연구원이 2005년 취학 자녀를 둔 기혼 여성 2,500여 명을 상대로 조사한 결과를 보면, 사교육비 지출 실상을 생생하게 알 수 있다. 초등학생 자녀가 한 명인 가구가 지출하는 사교육비는 월 평균 26만 원이고, 중학교, 고등학교로 올라갈수록 눈덩이처럼 불어나 중학생 자녀 한 명인 가정은 월평균 36만 원, 고등학생 자녀 한 명인 가정은 월평균 44만 원이다. 가구 소득에서 사교육비가 차지하는 비중이 취학 자녀 수가 한 명일 때는 12.3퍼센트, 두 명이면 22.0퍼센트, 세 명 이상일 때는 26.4퍼센트에 이르는 것이다. 그런데 생활비에서 차지하는 비중은 자녀가 한 명일 때 23.8퍼센트, 두 명일 때 59.0퍼센트, 세 명 이상일 때는 63.8퍼센트다.

그러면 다른 나라는 어떤가? 한국의 사교육비 지출은 GDP(국내총생산)의 2.9퍼센트(2004년 기준) 경제협력개발기구 30개 회원국의 평균치인 0.7퍼센트의 네 배가 넘는다.

현재 사교육비 문제의 본질은 무엇일까? 제도적인 요인을 들기 이전에 사람들이 사교육비를 투입하려는 열의를 갖고 있다는 점이다. 많은 사람들이 좁은 땅에 모여 살아가는 사회이다 보니 다른 사회에 비해 생존에 대한 압박감이 심하다. 이를 피부로 느끼는 부모로서는 아이들에게 더 나은 미래를 만들어주는 교육은 선택이 아니라 필수다. 따라서 사교육부터 시작해 조기 유학에 이르기까지 각자 형편에 맞추어 지출하고 있다. 일종의 미래를 위한 투자인 것이다. 제도적으로 어찌 할 수 없는 상황이기 때문에 하는 투자일 수도 있고, 더 나은 미래를 물려주기 위한 투자일 수도 있다.

개인이 미래의 소비를 늘리려고 애쓰는 것을 원천적으로 막을 수는 없다. 혹자는 중산층이 지나치게 많은 돈을 사교육비로 쓰는 데 대해 노후 준비와 관련해 부정적인 시각을 가진 사람들도 있지만, 결국 개인이 판단해서 내릴 의사 결정이다. 물론 아이들에게 들이는 교육비 지출을 줄여 노후를 준비하는 데 투자하는 사람들도 있다. 그러나 자식이란 특별한 존재이기 때문에 그런 결정을 내리기가 쉽지 않다.

투자에는 투자수익률이란 개념이 따르게 마련이다. 우리가 은행에 예금을 하거나 주식에 돈을 투자할 때도 투자수익률을 생각하게 된다. 내가 얼마를 투자하게 되면 다음에 어느 정도 수익을 올릴 수 있을까를 한 번도 생각해 보지 않고 투자하는 사람은 없다. 그러나 자식 교육에서만은 수익률 개념이 모호해진다. 지나치게 긴 투자인 데다 투자 대상이 어떻게 하느냐에 따라 수익률이 천차만별이기 때문이다.

세상은 날로 지식 중심 세계가 되는데 부모들에게 사교육비를 줄이라고 할 수도 없고, 또 그렇게 하는 것이 과연 올바를까 싶다. 나는 교육 투자의 수익성은 다른 투자에 비해 아주 크다고 생각하는 사람이다. 교육은 머릿속에 부가가치를 창출할 수 있는 공장을 짓는 일이기 때문이다.

그러나 사교육에 대해서 혹평하는 사람들도 있음을 잊어선 안 된다. 서울대학교 경제학과를 졸업하고 미국 하버드 대학교 케네디스쿨에서 행정학 석사를 받은 후 16년 간 경제전문 기자로 활동한 현승윤은 "우리나라의 대학입시 관련 사교육이란 기껏해야 좋은 대학 보내서 월급을 조금 더 많이 받도록 하는 교육이다. 월급 많이 주는 직장을 다닌다고 해서 부자가 되지는 않는다. 부자가 되는 데 필요한 교육은 창의성과 희소성이다"라고 사교육을 혹평했다.

시장경제는 욕망에 충실한 사회경제 시스템이다. 누군가 욕망을 갖고 있다면 그 욕망을 만족시키는 데 성공한 사람들에게 상을 주는 체제가 바로 시장경제다. 그런데 욕망을 만족시키려면 저렴하고 질 높은 교육을 제공해야 한다. 여기서 공교육의 경쟁력 문제가 등장한다. 개인의 선택은 집단의 선택보다 현명할 때가 많다. 학부모는 영어가 아이들의 미래에 얼마나 중요한가를 잘 안다. 그래서 공교육이 제대로 된 영어를 가르치기를 바란다. 그러나 공교육이 그런 서비스를 제공하지 못하면 자연스럽게 사교육비를 투자하거나 조기 유학을 통해 질 좋은 서비스를 제공받고 싶어한다.

　시장은 고객의 욕구를 제대로 만족시키지 못하는 분야에 벌을 내린다. 망하거나 퇴출당하는 것이다. 예를 들어 우리나라 초등학교의 경우 3,4학년 영어 수업이 한 해 동안 34시간, 5,6학년 경우 68시간이다. 그러나 중국은 75~105시간, 홍콩은 135~165시간, 말레이시아는 116~136시간이다. 우리나라 초등학교의 영어 수업 시간은 베트남의 70시간보다도 적다. 전북대학교 전병만 교수 팀이 조사한 바에 의하면 조사 대상 23개 국 가운데 초등학교 영어 시간이 우리와 같거나 적은 나라는 인도네시아와 일본뿐이라고 한다. 홍콩과 말레이시아, 인도, 노르웨이, 오스트리아, 이스라엘은 초등학교 1학년 때부터, 스페인은 유치원 때부터 영어를 가르친다. 한삼희 논설위원은 중국에서 이루어지는 영어 교육의 실상에 대해 이렇게 말했다.

　상하이중학, 상하이외국어쌍위(雙語)학교, 세계외국어중학처럼 영어로 가르치는 학교가 수두룩한 곳이 상하이다. 국제학교가 아니라 현지인 학교다. 각 과목의 주요 개념은 중국어로 가르치고, 나머지는 영어로 수업하는 학교도 셀 수 없이 많다. 상하이는 1998년부터 초중학교 이중 언어 실험 교육을 해왔다. 작년에만 베이베이영어소학교 등 28개 실험 학교를 선정했다. 세계무역기구(WTO) 가입과 함께 글로벌 시대에 걸맞는 인재를 키운다는 목표다. (《조선일보》, 2006. 6. 8)

　환경이 바뀌면 소비자의 필요와 욕구도 바뀐다. 교육도 똑같다. 세상이 바뀌면 준비도 달라지게 마련이다. 당연히 학교가 제공하는 것도 달라져야 한다. 학교 역시 마치 기업에서 하는 것처럼 강의안을 재구성해야 한다.

그런데 오늘날 한국의 공교육은 과거에 해왔던 것을 앞으로도 계속 고수하려고 한다. 현재의 공교육 방식을 유지하면서 세상의 변화를 적극적으로 수용할 수 있겠는가?

게다가 알다시피 아이들 교육에는 시기가 있지 않는가? 언어만 하더라도 결정적 시기가 있다. 언어학자마다 다양한 견해를 주장하지만 아이들을 교육해 보면 12세를 넘긴 아이들은 새 언어를 습득하기가 무척 어렵다는 사실을 알게 된다. 바로 이 시기에 우리의 공교육은 영어를 제대로 가르치지 않는다. 학부모가 할 수 있는 선택은 단기 유학, 조기 유학 그리고 영어 사교육일 것이다.

공교육이 소비자들의 필요와 욕망을 적극적으로 반영하는 쪽으로 바뀔 수 있다면 사교육비 지출을 어느 정도 줄일 수 있다. 사교육을 완전히 없애는 일은 공산주의 사회에서나 가능할 것이다. 지금 할 수 있는 선택은 실질적인 소비자들의 필요와 욕망을 적극적으로 반영할 수 있도록 공교육이 바뀌는 일이다. 그런데 어떻게 된 일인지 학교에서 대충 가르치고, 학원에서 선행 학습을 통해 교육해 나간다고 하니 뭔가 잘못되어도 한참 잘못되었다.

한국의 공교육이 시장 수요를 적극적으로 반영할 수 있을지에 대해서는 의문이 든다. 왜냐하면 교육 예산 증가를 통해 점점 더 교육비에 집중되는 체제로 가고 있기 때문이다.

독점적인 지위를 갖춘 곳에서는 서비스를 향상시키기 어렵다. 고객의 수요를 더 잘 반영해 성공하려는 단위 조직들이 활발하게 활동할 때만 가능하다. 그러려면 보다 많은 권한이 분산되어야 한다. 그러므로 유치원 교육까지 공적 영역에 포함해서는 안 된다.

왜 모든 대학교의 학생 선발 과정이 똑같아야 하는가? 대학교가 자율적으로 아이들을 뽑고, 기본적인 수능 시험 같은 것만을 통해 질적 관리 기준을 제시할 수 있다면 아이들의 교육을 얼마든 다양화할 수 있는데 말이다. 외국어고나 과학고, 그밖에 특성화된 교육을 원하는 학교들이 있으면 적극적으로 인정하면 된다.

일부 교원 단체는 초등학교 1,2학년 영어 수업에 반대하고 있다. 게다가 자신들의 능력이 평가받는 것에 열심히 반대하고 있다. 그러나 평가가 없고 성과에 따라 차별화된 대우가 없다면 어느 누구도 열심히 노력할 이유가 없다. 사명감 때문에 열심히 하는 사람들도 있겠지만, 사람들은 인센티브에 따라 움직이기 때문이다.

사교육비 부담을 줄이는 일은 어렵지 않다. 인간의 욕망을 자연스럽게 받아들이고, 경제 주체들에게 이를 받아들일 실험의 자유를 주면 된다. 그리고 모든 상품과 서비스가 그렇듯이 개개인이 자신의 필요와 욕구에 따라 교육 서비스를 선택할 수 있는 자유를 좀더 많이 허용해야 한다. 그렇게 되면 일정 기간 동안 대혼란이 일어난 것처럼 보이겠지만, 시장은 스스로 균형을 찾게 되어 있다. 차별화된 서비스를 공급하는 교육기관들이 등장할 것이며, 사교육비는 정상적인 교육 과정으로 수렴될 것이다.

교역 규모 10위권의 한국이 왜 세계에 내놓을 수 있는 학교를 갖고 있지는 못한지 고민해야 한다. 교육계에 우수한 인재가 몰려 있음에도 불구하고 낮은 경쟁력 때문에 허덕이고, 사회에 부담시키는 고비용 구조를 갖고 있다면, 이는 제도적인 문제라고 할 수 있다.

교육 소비자에게 선택할 자유를 주어야 한다. 동시에 시장의 수요

를 적극적으로 반영할 수 있게 교육 공급자에게도 경쟁할 자유를 주
어야 한다.

사교육이나 교육 문제는 인간의 욕망을 자연스러운 것으로 받아들이는 데서부
터 출발한다. 욕망은 만족되어야 한다. 욕망을 만족시키려면 선택의 자유, 경
쟁할 수 있는 자유를 허용해야 한다.

부자를 환영해야 하는 이유

재산이 어느 정도라야 부자일까? 『부자학개론』을 쓴 서울여자대학교 한동철 교수는, 대한민국에서 현금 10억 원 이상을 가진 사람을 많아야 20만 명 정도로 보고 있다. 현금 10억 원을 갖고 있다면 부동산이나 주식 혹은 채권 등과 같은 자산을 합쳐서 대략 50억 원 정도의 재산을 갖고 있다고 보면 된다. 왜냐하면 보통 갖고 있는 현금의 네다섯 배 정도의 재산을 갖고 있기 때문이다. 이 정도면 부자라고 불러도 무방할 것이다. 현찰 10억 원을 포함해 총 재산 규모 50억 원 정도라고 하면 달러로는 5백만 불을 웃도는 규모다. 부자로 들어서는 문은 총 인구의 1퍼센트가 안 될 정도로 좁다.

한동철 교수는 그 기준을 크게 완화해 총 재산 규모가 5억 원 정도 되는 사람으로 현금 1억 원을 보유한 사람을 부자로 봤다. 이 기준에 해당하는 사람은 대략 80~90만 명 정도라고 한다. 그러니까 전체 가구의 5퍼센트, 다시 말하면 20명 가운데 한 명도 채 되지 않는다. 그러나 최근에 부가 크게 팽창한 점을 고려하면 현금 1억 원을 갖고 있는 사람을 더 이상 부자라고 부를 수는 없다. 그렇기 때문에 지역에 따라 다른 점을 인정하더라도 대개 현금 10억 원 정도나 현금화할 수 있는 금융 자산 규모가 약 10억 원 정도이면 부자라고 해도 될 것이다.

인간은 부자가 되고 싶은 열망을 가진 존재다. 부가 선택의 폭이나 편리함을 가져다주기 때문이다. 따라서 투기의 역사는 인류의 역사만큼이나 길다. 부자 열풍은 비단 오늘에 국한된 이야기가 아니라는 것이다. 그런데 재미난 것은 어느 사회든 부자를 그다지 좋아하지 않는다는 사실이다. 이를 두고 '반부자 정서'라고 표현한다. 일반인들이 부자에 대해 갖는 감정은 매우 복잡미묘하다. 부러움과 경외감에다 소외감이나 다소의 불쾌함 등이 뒤섞여 있기 때문이다.

갖고 싶지 않은 것을 가진 사람을 부러워할 사람은 없다. 그러나 갖고 싶은 것을 갖지 못했을 때는 분노를 느끼고 자괴감을 느낀다. 아마도 이것이 부자를 바라보는 일반인들의 감정 상태일 것이다.

자본주의는 옳고 그름을 떠나 부를 추구하는 사회다. 그야말로 치열한 게임을 벌이는 사회라고 할 수 있다. 모두가 이기려고 노력하지만 모두가 승자가 될 수는 없다. 다수는 보통의 상황에 처하고, 아주 소수만 승리하게 된다. 이 게임에서 승리한 사람을 부자라고 부르는 것이다. 따라서 부자를 부러워하면서도 좋아하기는 힘든 것이다.

소수가 부자이고, 정치 체제가 다수결에 의해 움직이는 민주주의 사회에서는 합법적인 수단을 이용해 부자들의 재산을 빼앗아 나누어 갖는 문제가 사회적 이슈로 등장한다. 물론 빼앗는다고는 표현하지 않는다. 그 대신 공평과세 혹은 소득에 걸맞는 세금 부담 등과 같은 용어를 사용한다. 그러나 핵심은 질투와 시기심을 제도화하는 것이다. 어찌 되었든 모든 사람에게 투표권이 있기 때문에 부자들은 조금만 방심하면 어느 날 갑자기 질투와 시기의 표적이 될 수 있다.

부를 창조하는 사람들은 소수이기 때문에 부자들은 어느 시대이든, 어느 사회이든 박해의 대상이 될 때가 많았다. 그러다 점점 부가 만들어지는 과정을 제대로 이해하고, 잘못된 편견을 바로잡으려고 노력하면서 조금씩 상황이 개선되어 왔다.

경제학에서는 부자 문제를 다루지 않고, 반부자 정서도 다루지 않는다. 기껏해야 기업가나 기업가 정신 정도를 미미하게 다룰 뿐이다. 그러면 부자는 어떻게 만들어질까? 어찌 할 수 없이 행운이 필요하다. 부의 트렌드가 변해가는 와중에 우연히 새로운 부의 흐름이 형성되는 입구에 서 있는 행운을 얻으면 큰 부자가 될 수 있다. 인터넷 붐이 세차게 몰아친 2000년을 전후해 한국 사회에서도 큰 부를 움켜쥔 사람들이 있다. 물론 자신의 능력 때문에 큰 부자가 되었다고 할 수도 있지만, 자의반 타의반으로 그런 부의 흐름에 해당하는 분야에 종사하고 있었다는 우연적인 요소도 무시할 수 없다.

사람들은 확실하고 기계적인 세계를 정의로운 세계라고 생각한다. 하지만 삶이란 수많은 우연으로 결정된다. 부가 가진 도덕적인 정당성을 공격하고 위협하는 것도 우연이라는 요소를 있는 그대로 받아들이지 못해서다. 사양화되는 분야에서는 아무리 열심히 노력해도 망하기 쉽기 때문이다.

지혜로운 안목이나 탁월한 직관으로 집이나 땅에 투자할 수도 있지만, 우연히 자신이 머물고 있거나 투자한 땅이 수십 년이 지나 엄

청난 시세 차익을 남기는 곳으로 변해 부자가 된 사람들에게는 이러
쿵 저러쿵 할 수 없다. 한마디로 운이 좋아서이기 때문이다. 부자 부
모를 둔 것, 부자 배우자를 만난 것, 로또에 당첨된 것, 귀인을 만나
서 도움을 받는 것 등이 바로 우연이다.

부는 이처럼 확실함으로부터 나오는 것이 아니라 상당 부분 우연
에서 나온다. 그러나 의도적이고 조직적으로 부자가 되고 싶어하는
사람에게는 꼭 필요한 조건이 하나 있다. 그것은 타인의 욕구나 필요
를 제대로 만족시켜야 한다는 사실이다. 어떤 사람도 타인에게서 지
갑을 강제로 열 수는 없다. 자본주의는 자발적인 거래에 의해 움직이
는 체제이다. 주고받는 거래를 기본으로 하는 체제이다. 상대방이 자
발적으로 돈을 내게 하려면 상대방에게 상품이든 서비스이든 만족할
만한 무엇인가를 제공해야 한다. 그러려면 경쟁자보다 훨씬 나은 상
품이나 서비스를 제공해야 한다.

따라서 부자가 되었다는 것은 경쟁자보다 훨씬 나은 가치를 제공
해 고객을 만족시켰다는 뜻이다. 자본주의 게임에서 승리한 것이다.
어느 누구의 마음을 아프게 하거나 신체적으로나 심리적으로 위해를
가해 부를 강탈한 게 아니다. 승리의 월계관으로 주어지는 것이 바로
돈이다.

그렇다면 부동산 투자 같은 것에 대해서도 같은 논리를 적용할 수
있을까? 훗날 크게 성장할 위치에 나대지라고 판단하고 몇 해 전에
그 땅을 사 두었다고 하자. 그리고 예상대로 그 일대가 개발되면서
땅값이 올라 한몫 단단히 챙겼다고 하자. 그 땅을 구매한 사람은 그
땅을 이용해 또 다른 부가가치를 창출할 수 있다고 생각했기 때문에
땅을 산 것이다. 이것 역시 가치 창출이기 때문에 똑같이 이야기할

수 있다. 요컨대 총칼로 사람을 위협해 재산을 빼앗지 않는 한 비난받아야 할 하등의 이유가 없다는 것이다.

부자가 되면 무엇이 얼마나 좋아질까? 부자는 그렇지 않은 사람보다 일단 상품이나 서비스를 구입하는 데 열심일 것이다. 골프 회원권을 구입할 수도 있고, 대형 컬러텔레비전을 구입할 수도 있으며, 외제 차를 몰 수도 있다. 이 모든 활동은 소비를 발생시켜 2차, 3차에 걸쳐 다른 사람에게는 일자리를 제공하고, 소득을 제공한다. 어디 이뿐인가? 상품을 삼으로써 정부에 간접세를 내고 있다.

부자가 사적 동기로 구매하는 활동은 타인의 복리후생에 크게 기여하게 된다. 따라서 부자가 마음 놓고 지갑을 열게 해주어야 한다. 국민 소득이 한참 낮을 때 묶어놓은 주택의 상한 평수를 지금까지 묶어 두는 것이야말로 시대의 변화로 보나 논리로 보나 매우 뒤떨어진 행태다. 사람마다 다르기는 하겠지만, 부자가 되면 자신이 옳다고 생각하는 명분을 위해서 기부도 할 수 있다. 없으면 못하지만 곳간이 넉넉하면 인심도 좋아질뿐더러 부를 바르게 사용할 수 있다.

사회는 사람들이 부자가 될 수 있게 열려 있어야 한다. 기득권으로 무장한 사람들이 이익 단체를 만들어 자신의 재산을 지키게 하는 사회가 아니라 경쟁 지향적인 분위기가 지배하는 사회, 항상 승자와 패자가 나누어지는 제도를 유지하는 사회인 한 부자가 되는 문은 늘 열려 있다.

부자 되기 어렵다고들 하지만, 부자 중에는 여전히 자수성가형 부자가 많다. 물론 부모가 물려준 재산을 전문가에게 맡겨 부자 대열에 선 사람도 있겠지만, 지식 중심 사회에 한발 더 다가서는 추세를 고려하면 여전히 부를 향한 통로는 열려 있다. 반부자 정서는 아무한테도 도움이 되지 않는다. 일단 그런 마음을 먹는 한 가난하게 살고 타인에게 부담만 준다.

부자는 소수에 불과하게 마련이라 표의 논리가 지배하는 민주주의 사회에서는 자칫 질투와 시기의 대상이 되기 쉽다. 그러나 물질적으로 풍요한 사회가 되려면 부를 향한 문이 늘 열려 있도록 노력하고, 반부자 정서가 부자를 제도적으로 억압하지 않게 해야 한다. 부자를 미워하고 싫어하는 마음은 자기 자신을 가난하게 만들 뿐이다. 부자 마인드는 부자가 될 가능성을 높여주고, 빈자 마인드는 빈자가 될 가능성을 높여준다.

출산에도 인센티브가 필요하다

출산율이 자꾸 낮아져서 고민이 이만저만이 아니다. 우리나라 신생아 수는 지난 1971년에는 102만 4,773명, 1980년에는 88만 9,555명이었지만, 2000년에는 63만 6,780명으로 줄어들고, 지난 2005년에는 43만 8천 명까지 줄었다. 거의 반수 이상이 준 것이다. 신생아 수가 줄어드는 현상은 이변이 없는 한 계속될 것으로 보인다. 통계청에 따르면 앞으로도 임신 가능한 여성의 수가 줄어들 뿐만 아니라 결혼 후에도 아이를 갖지 않는 부부가 늘어나 신생아는 2030년에는 33만 9천 명, 2050년에는 22만 9천 명까지 줄어들 것으로 내다보고 있다.

앨빈 토플러의 최근작 『부의 미래』는 앞으로는 가족이라는 개념이 크게 변할 것으로 내다보고 있다. 따라서 앞으로는 남녀가 결혼해 가정을 이루고 아이를 낳는 일은 여러 가족 형태 가운데 하나에 지나지 않게 될 것이다. 미국과 정도의 차이와 시간의 차이는 있을지 몰라도 우리나라도 가족 해체가 진행될 것이다.

전문가들은 1960년대 중반까지만 해도 아버지는 밖에 나가 일하고, 어머니는 집에서 살림하며, 18세 미만의 자녀가 둘인 가족으로 규정되는 핵가족이 미래에도 우세할 것이라고 주장했다. 하지만 오늘날 미국에서 핵가족의 의미에 적합한 가정은 25퍼센트 미만에 불과하다. 편모나 편부 가정, 결혼하지 않은 커플, 한 번이나 두 번 또는 그보다 많이 재혼해 여러 번의 혼인 관계에서 태어난 아이들을 양육하는 가정, 노년 결혼, 동성 간의 합법적인 결합이나 결혼을 통한 가정이 생겨나고 있다. 사회 조직 중에서 가장 늦게 변하는 유형에 속하던 가족 체계가 불과 수십 년 만에 변형되고 있다. (앨빈 토플러, 『부의 미래』)

아이를 낳아 키우는 것은 전적으로 개인이 선택할 영역임에 틀림없다. 그러나 출산율이 현저하게 떨어지면 다양한 사회 문제가 발생하게 된다. 우선은 날로 고령화되어 가는 사회에서 노인 인구를 부양할 젊은이가 감소함으로써 노동 인구 한 사람이 부담해야 할 비용이 크게 증가하게 된다. 이는 곧바로 근로 인구에 대한 조세 및 준조세의 급증을 의미하기 때문에 근로나 투자 등의 활동을 위축시킬 가능성도 높다.

또한 신생아 수가 줄어드는 만큼 내수 시장의 규모도 줄어들 것이다. 소비 계층이 줄어들면 생산 분야의 규모 감축이 불가피해지고, 자연히 고용 감축 등과 같은 도미노 현상이 일어나게 된다. 따라서 구조적으로 출산율이 낮아지면 사회 전체가 이 문제를 해결하려고 나설 것이다.

선진국들은 이미 저출산 문제로 고민해 왔다. 서로 벤치마킹을 해서 다양한 조치를 취해왔지만 대부분 별로 성공하지 못했다. 미국은 선진국 가운데서도 가장 젊은 나라를 유지하고 있다. 미국은 출산율이 다시 높아진 예외적인 국가다. 지속적으로 유입되는 이민 인구의 증가가 신생아 수가 증가하는 데 커다란 역할을 하기 때문이다. 그러다 보니 미국 인구가 드디어 3억 명을 돌파했다는 소식이 들리기도 한다.

낮아지는 출산율을 반전시킨 대표적인 국가인 프랑스는 다양한 정책을 펼쳐 총 출산율을 1994년의 1.68명에서 2004년 1.92명까지 끌어올리는 데 성공했다. 결과적으로 신생아 수가 1990년의 76만 2,407명에서 2005년 77만 4,600명까지 증가했다. 같은 기간 동안 여성들의 평균 초산 연령이 28.8세에서 29.7세까지 높아졌음에도 불구하고 이처럼 총 출산율을 반전시킨 것은 출산율 저하로 고민하는 많은 나라들의 관심을 끌었다. 중요한 것은 프랑스가 아이들을 더 낳도록 유도하기 위해 무려 48조 원(410억 유로), 그러니까 국내총생산의 3퍼센트에 해당하는 막대한 금액을 투입하고 있다는 사실이다.

프랑스가 저출산을 고민한 건 1~2년 된 이야기가 아니라 20세기 초부터였다. 제1차세계대전으로 인구가 급감했는데도 프랑스 여성들은 아이 낳기를 꺼려 '출산 파업'이 사회적 현상으로 등장했다. 따라서 각종 사회보장 제도는 다른 유럽 국가보다 늦게 도입했지만, 가족 수당만은 일찍 도입했다. 1932년 가족수당법이 생겼고, 1939년부터 초산에 대해 특별 수당을 지급했다.

프랑스에서는 아이를 전적으로 부모에게만 맡기지 않는다. 정부가 함께 키운다. 프랑스 정부가 영유아 수당, 가족 보조금, 육아 보조원 수당, 자녀 수와 연관된 주택 수당 등의 명목으로 지원하는 돈은 총 410억 유로(약 48조 원)에 달한다. 그리고 1천만 가정이 혜택을 받는다. 국내 총생산의 3퍼센트에 해당하는 예산을 가족 지원 정책에 쏟아 붓는다. 이는 덴마크나 스웨덴, 핀란드 같은 북유럽 국가들의 3.5퍼센트선보다는 낮지만, 영국이나 벨기에(2.3~2.5퍼센트)보다는 높은 수준이다. (…) 자녀가 많을수록 사회적 지원도 많다. 정부가 앞장서서 '셋째 아이 붐'을 조성하기 때문이다. 올 7월부터 셋째 아이를 낳고 1년 간 무급 휴가를 선택하는 부모에게 1년 간 매달 750유로(약 89만 원)의 육아 수당을 준다. 종전까지 셋째 아이에 대한 수당은 평균 410유로(약 48만 원)였고, 출산 후 최고 3년까지 무급 휴가가 허용되었다. (…) 프랑스는 현재의 성공에 만족하지 않고 출산율이 인구 감소를 막는 수준(총 출산율 2.07명)이 될 때까지 지원책을 계속 강화하는 추세다. (《조선일보》, 2006. 5. 10)

항상 한정된 자원을 갖고 무언가를 도모해야 하는 사람의 입장에서는 늘 효과를 생각하지 않을 수 없다. 프랑스는 아이를 낳는 행위 그 자체에도 강력한 인센티브를 제공했고, 이런 인센티브 강화 정책이 어느 정도 효과를 발휘하고 있다고 할 수 있다. 따라서 우리나라도 1년에 30조 원 이상을 투입해 아이를 더 낳게 하자는 목소리가 나오고 있다. 그러면 누군가가 돈을 지불해야 할 것이고, 이는 정책 방향을 생산 인구로부터 조세나 준조세 부담을 더 거두는 쪽으로 정할 수밖에 없다.

프랑스는 구미의 다른 선진국들처럼 개인주의가 발달한 나라다. 신생아 가운데 절반이 법적으로 결혼하지 않는 커플 사이에서 태어난다. 프랑스는 지난 1999년에 사회연대협약(PACS)이라는 제도를 통해 동거 커플에게도 결혼한 정식 부부와 동등한 사회적 권리를 허용한 바가 있다. 이로써 이혼해 혼자 아이를 키우는 편부모의 자녀나 동거 커플의 혼외 자녀 역시 각종 수당을 받는다.

우리 사회도 혼외 자녀에 대해 서구 사회처럼 강력한 인센티브를 주고, 가족이 떠맡아야 할 육아 책임을 상당 부분 나누어 갖는 게 과연 올바른가에 대해서는 깊이 고민해 봐야 한다.

그렇다면 낮은 출산율을 해결할 다른 방법은 없는가? 성급하게 해결책을 내놓기 전에 출산율이 이토록 빠른 속도로 낮아지는 이유부터 생각해 봐야 한다. 서구 사회의 부모들과는 달리 한국 부모들은 여전히 아이들의 미래에 유별난 관심을 갖고 있다. 아이들이 홀로 서는 시점까지 어떤 희생, 어떤 지원이든 아끼지 않는다. 그러므로 돈을 지원해 주기보다는 아이들의 미래가 낙관적이라거나 아이들을 키우는 비용을 현저히 낮춰줄 수만 있어도 아이를 더 낳을 것이다.

물론 젊은 세대일수록 부부 중심으로 생각하기 때문에 아이를 낳아야 하는가, 말아야 하는가를 두고 고민한다. 그러나 결혼을 하고 아이를 낳아서 키우는 본능은 그 어떤 본능보다 강하기 때문에 아이를 키우는 데 따르는 부담만 크지 않으면 아이를 낳을 가능성이 높다.

다시 말하면 육아에 대한 선호 정도는 시대 변화에 따라 조금씩 달라지지만, 현재가 과거와 전적으로 다르다고는 할 수 없다는 것이다. 사교육비 지출을 획기적으로 경감하지 않는 한 각종 출산 지원 정책도 소용없을 것이다.

공교육이 학부모의 욕구와 필요를 전부 충족해 줄 수는 없지만 아이 한 명 키우는 데 들어가는 비용이 지금처럼 큰 비중을 차지한다면 아이를 더 낳기가 불가능하다. 사람들은 합리적으로 행동한다. 특히 아이를 언제 낳을 것인가, 아이를 더 낳을 것인가는 다른 의사 결정에 비해 오래 생각해야 하기 때문에 지원보다는 비용을 낮추는 일부터 생각해야 한다.

서양의 부모들은 대학교 학비까지 전적으로 자신이 부담하지 않는 편이다. 형편이 되지 않는 사람들은 이미 대학교에 들어갈 때부터는 론 학비를 융자받아 사용하고 난 다음에 직장 생활을 하면서 갚아 나간다. 아이들이 홀로 서야 한다고 믿는 시기가 한국 부모들에 비해 짧은 것이다. 그리고 한국 부모들은 학비를 지원하지 못하는 것을 부끄럽게 생각한다. 한 걸음 더 나아가 아이들이 학교를 졸업하고 난 다음 제대로 직장을 잡고 생활할 수 있을지 걱정한다. 그렇기 때문에 아이들이 괜찮은 대학교에 입학하는 데 그토록 무리하게 투자하는 것이다.

아이들이 살아가게 될 세상이 암울해 보이면 아이를 낳는 결정이 흔들릴 수밖에 없다. 결국 지속적으로 성장 가능한 사회라는 확신이 들 때 아이를 낳을 것이다. 따라서 앞서 이야기했듯이 2010년까지 32조 원을 갹출해 사용하기 이전에 저비용 고효율 방법은 없는지부터 생각해야 한다.

게다가 앞으로는 맞벌이를 하지 않고는 생계뿐 아니라 삶의 수준을 끌어올리기가 쉽지 않을 것이다. 그러므로 아이 키우기와 가사 분담 등에서 여성에게 과도한 부담을 지워서도 안 된다. 이는 가부장적인 문화를 가진 국가의 출산율이 그렇지 않은 나라의 출산율에 비해 훨씬 낮다는 것만 보아도 알 수 있다. 그럼에도 불구하고 젊었더라면 아이를 더 낳았을 거라고 아쉬워하는 중년들도 있다. 아이를 키우면서 느끼는 기쁨이 인생의 그 어떤 기쁨과도 견줄 수 없을 정도로 크기 때문이다.

인생 경제학 원리

출산율에서도 인센티브가 중요하다. 그러므로 육아 비용을 줄여주는 게 우선이다. 특히 교육비를 줄여주어야 한다. 그리고 아이들이 살아갈 세상이 좋은 세상이 되도록 역동적으로 성장하는 국가로 탈바꿈해야 한다.

세금 부담, 얼마나 견딜 수 있을까

사람들은 세금과 관련해서도 이중적인 태도를 보인다. 세금이 너무 많다고 목소리를 높이지만, 다른 사람이 내는 세금에 대해서는 '조세 정의'라는 말을 쓴다. 할 수만 있다면 공권력이 나서서 자신을 제외한 다른 사람들로부터 많은 세금을 거둬들이게 하고 싶을지도 모른다.

정치가들은 사람들의 이러한 본성을 이용해 부자와 빈자라고 하는 전선을 형성한 후 부자에게 과중한 세금을 물리는 정책을 앞세워 표를 얻는다. 부자에게 많은 세금을 물릴 수밖에 없는 이유가 사람들의 질투와 시기심 때문이라고 한 사람도 있다. 다케우치 야스오는 자신의 저서 『정의와 질투의 경제학』에서 보통 사람들의 세금과 관련된 생각을 이렇게 묘사하고 있다.

세금은 적을수록 좋다고 하는 만고불변의 진리를 망각해서는 안 된다. 지불하는 입장에서는 무리하게 뜯기는 것이며, 고통 그 자체다. 가능하면 내지 않고 넘어가고 싶은 것이며, 꼭 거둬야 할 필요가 있다면 나 말고 다른 사람(예를 들면 부자)으로부터 거두길 원하는 것이다. 그야말로 이기주의적인 생각이요 '추잡한 욕심'이라고 불러도 좋은데, 어쨌든 사람은 이 추잡한 욕심에 의해 움직인다. 정치도 마찬가지다. 세금을 거두는 관계자나 전문가는 이러한 추잡한 욕심과는 관계가 없는 사람들이겠지만, 이 추잡한 욕심을 업신여겨서는 안된다. 이것을 무시하고 세금을 늘리거나 새로운 세금을 만들기라도 하면 그 추잡한 욕심이 달려들며 저항한다. (다케우치 야스오, 『정의와 질투의 경제학』)

어느 나라도 빈곤 상태를 벗어나기만 하면 세금 부담 액수가 크게 증가한다. 절대빈곤을 넘어 살림이 조금씩 나아지면 이런저런 권리들이 등장하게 된다. 학습권, 육아권, 모권, 소수 인권 등 다양한 권리가 등장하게 되는데, 따지고 보면 모두 세금 증가를 의미한다. 이런저런 권리는 공짜로 보호해 주는 게 아니기 때문이다. 누군가는 세금을 더 내야 하는 것이다.

우리나라도 조세 부담률이 꾸준히 증가해 2003년, 처음으로 조세 부담률이 국내총생산의 20퍼센트를 넘어섰다. 그러다가 2005년에는 25.35퍼센트까지 증가했다. 그러나 실제로는 이보다 더 높다고 주장하는 전문가도 있다. 성균관대학교 교수를 지낸 박재완 의원은 중앙정부와 지방자치단체의 9년간(1897~2005년)의 통계치를 분석해, 조세 부담액에 준조세 성격의 각종 사회보장성 기여금, 법정 부담금, 기회 비용, 행정 제재금 등을 더한 국민 총 부담금(2005년 말 기준)을 발표한 적이 있다. 총 액수는 259조 2천억 원으로 국내총생산의 32.1퍼센트에 달한다고 한다. 국민 총 부담률이 32.1퍼센트라는 것이다. 비록 이름은 세금이 아니지만, 이미 한국인들은 30퍼센트 이상을 세금 성격으로 내고 있는 것이다.

쉽게 말해 국민들이 100만 원을 벌어서 이중 32만 원을 세금이나 세금 성격으로 내고 있는 것이다. 정부 발표와 박제완 의원의 발표 사이에 차이가 나는 것은 국민 부담액(조세+준조세) 가운데 준조세를 분류하는 기준이 다르기 때문이다. 정부는 국민연금, 건강보험 등 사회보장성 기여금만 준조세에 포함시키고 있지만, 박재완 의원은 사회 보장성 기금 이외에 법정 부담금, 공교육비, 공영방송 수신료, 군복무 기회 비용, 행정 요금, 행정 제재금, 비자발적 기부금 등을 모두 준조세에 포함시켰다. 어쨌든 국민이 정부에 지불할 수밖에 없는 돈을 모두 합하면 이미 30퍼센트를 넘어섰다는 이야기다.

경제협력기구 회원국의 평균 조세 부담률은 26.8퍼센트로, 멕시코가 15.4퍼센트, 일본이 15.8퍼센트, 슬로바키아가 18.4퍼센트, 미국이 18.7퍼센트다. 반면에 우리나라의 경우 전체 소득에서 세금이 차지하는 비중을 나타내는 조세 부담율(조세/GDP)과 국민 부담률((조세+사회 보장 기여금)/GDP)은 각각 20.4퍼센트(2003년 기준)와 25.3퍼센트이기 때문에 더 올려도 된다고 하는 사람도 있다.

정부가 어떤 명목으로 거둬들이든 세금 비중이 25~32퍼센트에 달하는 것이다. 게다가 앞으로의 전망도 그리 밝지 않다. 재정경제부가 발표한 〈중장기 조세 전망〉에 따르면, 국민 부담률은 2006년의 25.87퍼센트에서 2010년에 27.28퍼센트를 거쳐 2030년에는 31.04퍼센트까지 늘어날 것으로 보인다.

그런데 누가 세금을 부담하는가 자세히 들여다보면 이미 부유층과 중산층이 대부분을 부담하고 있음을 알 수 있다. 우리나라는 OECD 국가 가운데 세금을 면제받는 면세점이 가장 많은 나라다. 미국이나 영국, 일본의 경우 소득세를 면제받을 수 있는 저소득층 납세자가 20∼30퍼센트대에 머물지만, 우리나라 임금 근로자의 46.1퍼센트, 자영업자의 48.8퍼센트가 소득세를 한푼도 내지 않고 있다.

세금을 내지 않는 납세자가 많다는 이야기는 우리나라의 중산층과 부유층이 그 만큼 과중한 세금에 시달리고 있다는 것을 의미한다. 송양민《조선일보》선임기자가 2004년 근로소득세와 종합소득세 자료를 갖고 분석한 자료는 중산층과 고소득층의 날로 무거워지는 세금 비중을 보여준다. 그의 분석에 따르면 상위 21퍼센트가 전체 세금의 93퍼센트를 내고 있으며, 상위 23퍼센트가 전체 종합소득세 98퍼센트를 내고 있다고 한다.

그렇다면 사람들은 어느 정도까지 세금 부담을 감내할 수 있을까? 미국 조세재단의 조사에 의하면, 소득의 얼마를 세금으로 가져가도 되는가라는 질문에 '24퍼센트는 세금이 전체 소득의 10퍼센트를 넘어서는 안 된다고 대답했고, 43퍼센트는 10∼20퍼센트의 세금이라면 부담할 수 있다고 했으며, 22퍼센트는 20∼30퍼센트를 낼 수 있다'고 대답했다. 경험상 대략 10퍼센트까지는 거부감이 없지만, 10퍼센트를 넘어서면 다양한 절세 수단을 사용하게 되고, 30퍼센트를 넘어서면 고통을 느껴 근로 의욕이나 투자 의욕에 매우 부정적인 영향을 미친다. 인센티브에 영향을 미치는 한계점이 30퍼센트 정도인 것이다.

납세자들은 다른 나라로 이민 갈 가능성이 없는 한 절세하려고 애쓰거나 근로 시간을 단축하는 등의 소극적인 방식으로 대응할 것이다. 납세자들이 어떤 선택을 하든 실제로 한 사회에서 부가가치를 만들어내는 주역들은 중산층과 부유층이다. 정부는 이들이 세금 부담에 힘겨워하고 있다는 사실을 충분히 고려해야 할 것이다.

앞에서 말한 '인간은 인센티브에 반응한다'는 사실은 조세 부담에도 적용된다. 과중한 세금은 근로자에게도 부정적인 영향을 미칠 뿐만 아니라 기업가들의 투자 선택에도 큰 영향을 미친다. 다음은 글로벌 경제 성장센터 소장인 리처드 W. 란(Richard W. Rahn)이 《워싱턴 타임즈》에 쓴 흥미로운 글이다.

50년 전만 하더라도 뉴욕은 미국의 50개 주 가운데 부유한 주에 속했다. 그러나 뉴욕은 플로리다와 달리 높은 세금과 거대 정부 모델을 선택했다. 세금을 많이 거두고, 정부 개입 정도를 높인 것이다. 반면에 플로리다는 낮은 세금과 작은 정부 정책을 고수했다. 그 결과 1950년에 뉴욕 인구의 5분의 1에 불과했던 플로리다의 인구가 10여 년 안에 뉴욕을 앞지르게 되었다. 사람들이 옳게 투표한 것이다. 또한 플로리다의 인구 1인당 소득도 꾸준히 증가했고, 뉴욕 주민이 부담해야 하는 비용의 일부를 지불함에도 불구하고 정부 서비스 역시 꾸준히 개선되었다. 또한 뉴욕 주민의 1인당 부채가 2004년을 기준으로 4,964달러인데 반해 플로리다 주민의 1인당 부채는 1,334달러에 불과했다. (《워싱턴 타임즈》, 2006. 5. 14)

국가를 이루고 살면서 세금도 안 낼 수는 없다. 그렇지만 세금은 인센티브 구조에 가장 중요한 요소를 차지한다. 가능한 유인 구조에 부정적인 영향을 미치지 않을 정도의 세율을 유지하는 게 중요하다. 세금이 과중하면 반드시 저항하게 된다. 일정 수준을 넘어서는 세금 부담은 근로, 투자, 저축 등 경제 활동의 거의 모든 부문에 부정적인 영향을 미치므로 삼가해야 한다.

인생 경제학 원리

세금은 적을수록 좋다. 세금이 근로, 저축, 투자 등의 개인의 의사 결정에 큰 영향을 미치기 때문이다. 그러나 돈은 내가 쓰고 비용은 다른 사람이 내면 된다는 의타심은 세금을 과중하게 올리는 원인이 되기도 한다.

제4장 인생과 행복의 경제학

주말은 희소자원이다

일주일에서 토요일과 일요일이 거의 3분의 1을 차지한다. 그런데 주중의 시간은 직장에서 보내는 사람들이 많기 때문에 달리 선택의 여지가 없다. 반면에 주말은 전적으로 개인의 선택에 따라 다르게 사용할 수 있다.

주말은 고용주의 간섭을 받지 않는 시간이다. 필자는 48시간을 '주말주식회사'라고 부른다, 또 시간 배분 권한뿐 아니라 책임까지 지기 때문에 스스로를 주말주식회사의 사장, 즉 CEO라고 표현한다.

경제학적인 관점에서 주말은 자원 배분의 효율성 문제와 연결된다. 직장은 효율성을 올리기 위해 항상 공정 혁신이란 관점에서 접근하게 된다. 어떻게 하면 적게 투입하고 더 많이 생산할 수 있을까를 고민하는 것이다. 이렇게 고민하고 노력하기 때문에 주중에는 효과적으로 살고 있는 것이 사실이다.

그러나 주말은 전적으로 스스로 계획을 세워 자신만의 시간을 보내는 방법을 찾지 않으면 비효율적으로 보내게 된다. 따라서 주말 48시간을 어떻게 배분하는가라는 문제는 곧바로 자원 배분의 효율성으로 귀결된다.

하지만 주중과 달리 주말은 목적 함수가 분명하지 않다. 개인의 선호에 따라 목적 함수의 구성 요소가 매우 다르기 때문이다. 경제적인 이익, 명성과 평판, 건강, 즐거움, 봉사 등 다양한 요소에 비중을 둘 수 있다.

주말에 등산을 하는 사람은 건강에 큰 비중을 두는 것이며, 골프를 하는 사람은 건강과 즐거움 외에도 사람들과 관계에 비중을 두는 것이다. 밀린 원고를 정리하거나 책을 읽는 사람은 자기 계발이나 성장에 큰 비중을 두는 것이다. 중요한 것은 알게 모르게 이런 선택을 하면서 단기, 중기, 장기에 걸쳐 일종의 최적화 활동을 시도하고 있다는 점이다.

단기적으로 준비해야 하는 일은 결과가 곧바로 드러나는 일이기 때문에 선택에서 우선 순위를 차지한다. 그러나 중장기적으로 준비해야 하는 일은 오랜 시간이 지난 다음에 일정 결과물이 드러나기 때문에 의지가 강하고 용기가 있는 사람이 아니면 여간해서는 실천하기 어렵다. 건강만 하더라도 오랜 시간이 지나야 결과가 드러나기 때문에 주말을 투입하기가 쉽지 않다. 중장기적인 효과와 단기적인 효과 사이에 적절한 균형을 유지하는 일이 가장 중요하다.

특히 오늘날처럼 경쟁이 치열한 시대에는 노동 강도도 점점 강해지고 있기 때문에 더더욱 장기적인 목표를 위해 시간을 투자하기가 쉽지 않다. 주말을 재충전의 기회로 삼으려고 노력하는 사람들이 늘어나는 것도 중장기적인 경쟁력의 중요성 때문이다.

재충전을 위해 무엇을 어떻게 해야 하는지에 대한 정답은 없다. 열심히 발품을 팔면서 집과 땅을 보러 다니는 사람들도 있을 것이다. 실제로 주말 시간을 투자해 부동산을 선점함으로써 큰돈을 번 사람들도 있다. 한마디로 이들은 주중은 업무에, 주말은 미래를 위한 투자 소득 극대화에 시간을 배분한 사람들이다.

자격증을 따는 데 시간을 투자하는 사람들도 있을 것이다. 결과적으로 각자가 사업가처럼, 기업가처럼 미래를 위해 투자하고 있다고 보면 된다. 부동산이든 자신의 몸값을 올리기 위한 기술과 지식이든 인맥 관리이든 시간을 쏟음으로써 미래에 투자하는 것이다.

이러한 투자는 저축처럼 처음에는 성과가 별로 드러나지 않지만 꾸준히 축적되면 그렇지 않은 사람과 큰 격차가 생긴다. 주말을 어떻게 보내느냐에 따라 현재의 삶뿐만 아니라 한 인간의 전체 삶도 크게 달라진다.

인생이 날로 길어지고 있다. 은퇴 이후의 이모작이나 삼모작 인생은 바로 주말 경영에서 출발한다.

인생 경제학 원리
주말은 매우 귀한 자원이다. 누구의 간섭도 받지 않는 소중한 자원이다. 주말을 어떻게 경영하느냐에 따라 일생이 달라질 수도 있다.

{ 2. 상속세의 착각

인간은 평생 모은 재산을 피붙이에게 물려주려는 욕망이 강하다. 이는 사유재산에 대한 욕망과 마찬가지로 자본주의를 움직이는 힘에 해당하는 욕망이다. 평범한 생활인부터 큰 사업체를 일군 사람까지 평생 모은 재산을 자식에게 물려주고 싶은 욕망은 똑같을 것이다.

근래 우리나라의 주요 재벌들의 상속 문제가 사회 문제로 비화돼 일부 시민사회단체들로부터 거센 비판을 받기도 한다. 부와 경영권이 재벌가의 창업자 세대로부터 다음 세대로 이전되던 시대에는 사회적 감시망이 미미한 수준에 머물고 있었고, 부의 이전에 따른 과세를 피할 방법도 얼마든 있었다. 제도적인 허점을 이용한 절세 방법이 광범위하게 실시되어 온 탓에 턱없이 낮은 상속세를 내고 부와 경영권을 이전받는 일이 자연스러운 일로 받아들여졌다.

그러나 상황이 많이 달라졌다. 전통적인 절세 방법의 제도적 허점이 하나둘 드러나면서 재벌가의 재산 상속 유형이 확연히 바깥으로 알려졌다. 사업 기회를 포착하는 것과 마찬가지로 절세 방법이란 것도 남에게 알려지지 않았을 때 가치가 있다. 그 방법을 모두가 알게 되면 반드시 제도적 보완 작업이나 사회적 비판에 직면하게 되기 때문이다. 이제까지 부의 이전 과정에서 문제가 된 몇몇 기업이 비난을 받는 것도 절세 방법에 대한 일부 단체의 집요한 문제 제기와 일반인의 법 감정 때문이다.

더 큰 변화는 재벌가의 상속 문제를 본격적인 연구 과제로 삼고 있는 시민사회단체의 등장이다. 이들은 체계적인 연구 작업을 통해 사실 관계를 규명하고, 조직적인 여론 조성을 통해 특정 기업을 여론의 도마 위에 올림과 동시에 법 개정 작업을 집요하게 요구한다. 따라서 앞으로 재벌가의 상속 문제와 시민사회단체의 감시망 사이에 큰 충돌이 예상된다.

2006년 4월 6일, 참여연대 경제개혁센터는 '회사 기회의 편취 금지 및 이중대표 소송제도 입법 운동을 시작하며'라는 이름으로 발표한 〈38개 재벌총수 일가의 주식거래에 대한 보고서〉를 통해 재벌가의 상속 문제에 대한 체계적이고 조직적인 연구와 여론 환기 그리고 입법 활동을 펼칠 것을 대내외에 천명했다.

기존의 지배 구조 개선 조치들은 비상장 회사에는 별다른 효과를 미치지 못하고 있고, 비상장 금융회사의 문제 역시 외부 주주에 의한 감시 및 견제 없이는 지배 구조의 근본적 개선이 불가능함을 보여주고 있다.

이에 참여연대 경제개혁센터는 2005년 초부터 '지배 구조 2단계 사업'의 시작을 선언한다. 개별 기업 차원을 넘어서 기업 집단 자체의 지배 구조를 개선하기 위한 법과 제도적 장치를 갖추기 위한 것이다. 이는 공정거래법이 아닌 회사법(상법)에 의해 지배 주주와 계열사 간 관계 그리고 계열사 상호간의 관계를 규율하고자 하는 것이며, 그 핵심은 비상장 회사에 대해서는 회사법적 규율이 작동하도록 하는 것이다. (경제개혁센터, 〈38개 재벌총수 일가의 주식거래에 대한 보고서〉)

시민운동가, 교수, 변호사, 회계사 등 다수의 전문가 집단이 참여한 시민사회단체의 지속적인 노력은 앞으로 재벌가의 상속 문제가 입법으로 발전될 것임을 말해 주고 있다. 동시에 정치권의 전반적인 흐름 또한 시민사회단체의 요구를 적극적으로 수용하는 쪽으로 나가고 있다.

누구나 절세를 통해 증여세와 상속세를 덜 내고 싶을 것이다. 경영권 이전이란 절대절명의 과제를 해결해야 하는 사람의 입장에서는 모든 방법과 수단을 쓰게 마련이다.

일부 대기업들이 경영권 이전에 사용하는 방법은 비상장 기업이나 부실 기업을 3세로 하여금 싼 가격에 인수하게 하거나, 기업을 새로 만들게 한 후, 계열사가 집중적으로 거래를 지원해 주는 방법이다. 이 같은 거래를 통해 기업의 규모를 키운 다음, 이를 상장하거나 매각하고, 이때 얻은 이익으로 경영권 확보에 필요한 지분을 매입하는 데 사용한다. 대개 상대적으로 규율이 허술한 비상장 기업을 이용한다.

이를 두고 재계 쪽에는 적법한 절차에 따라 이루어진 거래이므로 문제가 없다고 주장하는 반면, 시민사회단체는 이를 문제 삼는다. 3세가 소유한 회사에 대한 거래가 공정거래인가, 불공정 거래인가를 두고 현저한 시각 차이를 보이는 것이다.

참여연대 경제개혁센터는 이번 보고서에서 총수 일가의 지분 취득 및 변동 과정에서 문제의 소지가 있을 수 있는 거래 유형을 다음 세 가지로 들고 있다.

첫째, 회사 기회의 편취: 계열사의 기존 사업 부문을 분할하거나 또는 이와 유사한 사업 연관성이 있는 회사(주로 비상장 회사)를 신설한 후, 회사의 설립 당시 또는 일정 기간 후에 총수 일가가 지분을 취득.

둘째, 지원성 거래: 기존 계열사와 사업 연관성이 크게 밀접하지 않은 회사를 설립한 후, 회사의 설립 당시 또는 일정 기간 후에 총수 일가가 지분을 취득. (대표적으로는 총수 일가가 지분을 보유한 회사에 계열사가 물량을 몰아주는 것.)

셋째, 부당 주식거래: 계열사가 현저히 불공정한 가격으로 주식 또는 (CB, BW 등의) 주식 연계 증권을 총수 일가와 거래하는 경우이거나 또는 사업 관련성은 없지만 총수 일가가 출자하고 있는 회사에 출자하여 손해를 입은 경우.

바람직한 방법은 기업을 대표하는 대표 단체를 중심으로 상속과 증여에 요구되는 실효 세율을 현실화하는 노력을 전개하고, 적법한 절차에 따른 경영권 승계를 투명하게 보장하는 제도 개선에 초점을 맞추는 것이다. 그러나 지배 주주의 재산과 관련된 대단히 민감한 사안이기 때문에 경제 단체들이 나설 수 있는 데는 한계가 있다. 따라서 한쪽은 합리적인 대안을 마련할 수 있는 조직이 없고, 다른 한쪽은 활발한 조직이 있다면 그 결과는 명확하다. 시민사회단체들의 일방적인 요구가 여론의 호응을 받으면서 입법 과정을 통해 채택될 가능성이 한층 높아질 수도 있다. 게다가 불법 의혹 가능성을 제시하는 보고서 등을 통해서 자주 여론을 환기함으로써 기업과 오너의 이미지를 악화시킬 가능성도 높다.

합법적이고 비난받지 않는 경영권 승계는 한국 자본주의의 수준을 끌어올림과 동시에 정당성 문제를 확보하는 아주 중요한 문제다. 혹자는 주인 없는 기업에 찬사를 보내기도 하지만, 필자가 경험을 통해 내린 결론은 기업에도 주인 정신이 필요하다는 사실이다. 게다가 혈연을 중시하는 우리 한국인의 특성을 고려하면, 당대에 근로 의욕을 한층 고취하고 이를 통해 축적한 자본을 확대 재생산한다는 점에서 용인될 수 있는 방법으로 경영권을 승계하도록 도와주어야 할뿐만 아니라 법적 정당성도 마련해 주어야 한다.

하지만 누가 보더라도 고속 성장을 예상할 수 있는 기업을 만들어서 '밀어주기'라는 불공정 거래를 통해 상당한 차액을 남기는 일은 현행 법의 테두리 내에서는 합법적이어도, 일반인의 법 감정상 용인하기 어려운 것도 사실이다. 법 개정 작업이 이루어지기 전에 가진 사람들이 좀더 사려 깊게 행동해야 할 것이다.

그런데 과연 상속세는 필요한 것일까? 상속세의 타당성에 의문을 제기하는 전문가들도 있다. 참고로 현재 미국에서는 '사망세'로 불리는 상속세를 폐지하자는 법안이 하원을 통과해 상원의 처리를 기다리는 중이다. 하원을 통과한 법은 '사망세 영구 폐지'다. 중앙대학교 이상돈 교수는 미국이 상속세를 폐지하려는 이유를 이렇게 설명하고 있다.

대부분의 미국인들은 사망세를 죽음이라는 비극적 순간에 정부가 돈을 거두어가는 반윤리적인 세금이라고 생각한다. 사망세는 기업과 농장 등 가업 승계를 불가능하게 하고, 살아 있을 때 흥청망청 쓰고 죽는 풍조를 조성하며, 노인들로 하여금 뒤늦게 재혼하도록 조장한다는 것이다. 이미 세금을 낸 후에 남겨놓은 재산에 대해 또 세금을 부과하는 것은 이중과세라는 비난도 있다.

상속세는 부유층의 부의 계승을 차단해서 보다 평등한 세상을 만드는 데 이바지한다고 말하지만, 이는 실제 사정을 잘 모르고 하는 이야기다. 정작 상속세를 낼 사람들은 변호사를 동원해 절세 대책을 강구하게 마련이다. 사고나 급환으로 갑자기 사망한 사람의 자식들이 세금 벼락을 맞는 것은 그런 대책을 세우지 못했기 때문이다. 상속세는 가장 불행한 순간에 가혹하게 다가온다.

반면에 아주 부유한 사람들은 재단을 만들거나 세금이 적은 외국에 신탁계정을 만들어 세금망을 빠져나간다. 조지 소로스(George Soros)와 에드워드 케네디(Edward Moore Kenndy)가 상속세 폐지에 반대하는 것은 벌써 이런 식으로 자신들의 재산을 이미 처리했기 때문이다. 워렌 버핏(Warren Edward Buffett)은 상속세를 내지 못해 매물로 나온 기업들을 사들여 돈을 벌기 때문에 상속세 폐지에 반대하는 것이다. (《조선일보》, 2006. 5. 8)

'인간은 인센티브에 반응한다'는 논리는 여기에도 그대로 적용된다. 과도한 상속세 폐지는 가능한 많이 써버리고 죽도록 부추기는 일이다. 만일 그들이 보다 많은 재산을 남긴다면 이 역시 자식들로 하여금 흥청망청 살게 만드는 데 일조하겠지만, 그래도 축적된 자본을 또 다른 재투자와 재생산 도구나 수단으로 사용할 수 있다.

상속세가 일부 부유층의 이야기라고 웃어 넘기거나 고소하게 생각해서는 안 된다. 왜냐하면 사회 전체의 부가 증가하면서 많은 사람들이 과중한 상속세의 부과 범위에 속속 속하게 되기 때문이다. 그러므로 상속세의 명목 세율을 기꺼이 받아들일 수 있는 수준까지 낮추어야 한다. 우리나라 사람들은 상속세 완전 폐지는 있을 수 없는 일이라고 생각하겠지만, 이미 이탈리아와 호주, 스웨덴, 이스라엘은 상속세를 폐지했다.

홍콩은 2005년 2월, 내외국인은 물론 영구 거주자에게도 상속세를 전면 폐지했다. 캐나다 역시 지난 1970년대에 상속세를 폐지하고, 이를 자본이득세로 대체했으며, 호주는 1977년부터 상속세를 단계적으로 폐지해 왔다. 뉴질랜드 역시 1992년부터 사망자의 상속세를 폐지했다. 유럽에서는 이탈리아와 포르투갈 그리고 슬로바키아가 2004년부터 상속세를 없앴고, 2005년에는 스웨덴도 상속세와 증여세 폐지에 동참했다. 아시아에서는 홍콩이 2006년부터, 싱가포르가 향후 2~4년 내에 상속세를 폐지할 예정이다.

조세 제도 역시 체제 간 경쟁의 중요한 요소라는 것을 생각하면, 지금은 있을 수 없는 주장이라고 일축할지 모르지만, 상속세 세율을 낮추는 여론이 힘을 얻을 것이다. 아무튼 현재 최고 50퍼센트에 세율은 지나치게 높다. 현재 세율대로 하면 최대 주주가 주식을 상속할 경우 할증률이 적용되어 상속 재산의 65퍼센트를 세금으로 내야 한다. 이런 징벌적인 세금 체계 내에서는 절세를 넘어 그보다 더한 유혹으로부터 자유로울 사람이 많지 않을 것이다. 그리고 이처럼 높은 세율은 세금이라기보다는 탈취에 가깝다.

2001년도 1월, 미국 하원이 상속세 폐지 법안을 통과시킬 때 미국의 가진 자들이 어떻게 행동했는가를 돌아볼 필요가 있다. 당시 워렌 버핏, 조지 소로스, 데이비드 록펠러 주니어(David Rockffeler Junior), 빌 게이츠(Bill Gates) 등 미국의 내로라하는 120여 명의 억만장자들은 자신들이 가장 큰 수혜를 받을 수 있는 법안임에도 불구하고 상속세 폐지 방안에 제동을 걸고 나섰다.

이들은 《뉴욕타임즈》 주말판 오피니언 광고를 시작으로, 2009년까지 단계적으로 폐지할 예정인 법안의 부당성을 알렸다. 물론 상속세 폐지에 반대하는 측에서도 과중한 상속세 부담 때문에 잘 나가는 기업을 팔아야 할 정도의 황당한 일들이 계속 일어나는 것을 보고만 있어야 하느냐고 되물었다.

이렇듯 한 사회의 건강함이란 돈이나 명성 그리고 지식이란 면에서 일반인보다 조금 더 가진 사람들이 합법 이상의 세계를 지향할 때 유지된다. 앞으로 2세로부터 3세에게 넘어가는 경영권 승계가 속속 이루어질 것이다. 적법한 절차와 지나치지 않을 정도의 상속세 그리고 투명한 경영권 승계가 합리적으로 이루어질 수 있는 방안을 찾아야 한다.

인생 경제학 원리

상속세는 인센티브 차원과 형평성 차원에서 고려해야 한다. 우리 정서상 당분간 상속세 폐지는 불가능할 것이다. 문제는 상속세가 이중과세 성격을 갖는다는 것이다. 상속세 폐지나 인하가 세계적 추세라면 국가 간 조세 체재 경쟁이라는 면에서 상속세의 실효세율은 인하시킬 수밖에 없을 것이다. 상속세 문제는 일부 부자들만의 이야기가 아니다. 사회의 부가 증가하면서 많은 사람들이 과중한 상속세의 부과 범위에 속속 속하게 되기 때문이다.

{3. 인생 최대의 투자, 이민

이민을 떠나야 하나, 말아야 하나 고민하는 사람들이 많다. 아이들 교육 문제부터 일자리를 잡는 일에 이르기까지 이 땅에서 살아가는 게 힘들어질 거라고 예상되면 이민을 생각한다.

한국의 이민자 수는 한국의 경제 사정과 관계가 깊다. 경제 상황이 좋을 때는 이민자 수가 소강 상태를 보이다가 경제 사정이 악화되면 다시 증가한다.

그런데 거주지를 옮기는 것을 어떻게 해석해야 할까? 이민은 한 개인이 내릴 수 있는 가장 대담한 의사 결정 가운데 하나다. 모든 투자가 그렇듯이 나름대로 미래의 불확실한 상황을 판단하고 내리는 의사 결정이기 때문에 상당한 리스크가 따르지 않을 수 없다.

20세기 초, 아르헨티나가 세계의 부국으로 명성을 날릴 당시에 수

많은 유럽인이 아르헨티나로 이민을 갔다. 그런데 20세기 중엽부터 아르헨티나의 경제력이 추락하면서 아르헨티나로 이민 간 사람들은 곤궁해졌고, 후손들의 삶에도 부정적 영향을 주었다. 이렇듯 이민은 당대에 아이들 세대까지 큰 영향을 미친다.

구한말에도 간간히 이민이 이루어졌다. 나라를 잃은 한국인들이 선택할 수 있는 이민 대상 국가는 몹시 제한되어 있는데, 이때 하와이를 선택한 사람도 있고, 멕시코를 선택한 사람도 있다. 훗날 미국과 멕시코의 성장 과정은 너무나 달랐고, 사람들의 의사 결정은 자신의 삶뿐만 아니라 2세, 3세의 삶에 두고두고 영향을 미쳤다.

이민을 고민하고 있거나, 이민을 결정하는 사람들이 고려해야 할 것은 자신이 대단히 중요한 투자 결정을 하고 있다는 점이다. 그렇기 때문에 절대 분위기에 휩쓸려서는 안 된다. 이민지가 어떤 성장 궤적을 걸어가게 될 것인가를 나름대로 판단해야 한다. 평균적으로 중장기 경제성장률이 1퍼센트대를 기록할 국가를 선택하는 경우와 경제성장률이 4퍼센트대를 기록할 국가를 선택하는 경우 10여 년 후의 결과는 크게 달라질 것이다. 매년 1~2퍼센트의 차이가 별것 아닌 것처럼 보일지 몰라도 이것이 5~10년 정도 누적되면 큰 차이가 생긴다. 그러므로 그 나라의 중장기 경제성장률을 전망해야 할 것이다.

1960년대 우리나라가 어려웠던 당시에 미국이나 유럽으로 이민을 떠난 사람들과 그냥 한국에 머문 사람들의 삶을 비교해 보자. 예외적으로 어디서든 성공한 사람들도 있을 것이다. 그러나 소수를 제외한 대다수의 생활 수준은 거주 국가의 평균적인 경제성장률에 지배를 받는다. 1960년대 이후 한국 경제는 고속 성장을 계속해 왔다. 1997년 외환 위기에 이르는 시점까지 다른 선진국들에 비해 훨씬 많은 기회가 주어진 것이다. 따라서 물질적인 측면에서 이민을 간 사람들에 비해 남은 사람들의 상황이 더 나아졌다.

정치적인 안정도 고려해야 한다. 일찍이 남미를 이민지로 선택한 사람들은 천정부지로 뛰어오르는 인플레이션과 이따금 등장한 좌파 정권 때문에 혹독한 어려움을 겪어야 했다. 기회가 많은 곳이라 하더라도 정책이나 제도의 변화에 따라 얼마든 재산을 몰수당할 수 있는 곳은 택하면 안 된다. 아직도 남미 전체를 통틀어 한국인 이민자 수는 10만 명이 채 되지 않는다. 남미에서 웬만큼 기반을 잡은 사람들 중 많은 수가 최종 이민지로 미국을 선택해 떠났기 때문이다. 개인의 재산권이 보장되고, 미래가 안정적일 것 같은 미국으로 속속 떠난 것이다.

점점 더 사회는 유동적인 사회로 바뀌어갈 것이다. 한국 사회에도 이민자 비중이 늘어나고 있다. 뿐만 아니라 한국 사회에서도 저성장, 고실업, 저출산, 낙후된 교육 환경 등이 어우러지면서 더 많은 사람들이 나은 환경을 찾아 떠날 것이다. 앞으로는 매력적인 장소를 찾아 떠나는 사람들이 더 늘어날 것이다. 지식이나 정보 등을 다룰 수 있으면서 국제어로 소통할 수 있는 사람들의 한 사회에 쏠리는 현상도 더욱 심해질 것이다.

어느 나라든 이민이 발생하면 국민은 이민자들이 일자리를 빼앗아 간다고 불평하게 된다. 그러나 이민자 유입은 또 다른 수요를 창출한다. 새로운 이민자들의 저임금을 활용하려는 자본이 투입되면서 기존의 일자리는 보전되면서 새로운 일자리가 만들어지는 것이다. 이를 두고 흔히 '자본 재조정' 효과라고 한다.

게다가 이민은 새로운 문화의 유입을 촉진한다. 문화는 융합되고,

발전되면서 성장한다. 그러므로 기존의 사회 구성원들은 열린 마음으로 이민을 생각할 필요가 있다. 그러나 경제 논리로는 설명할 수 없는 면도 있다. 인간은 본래 자신과 다른 것에 대해 본능적인 거부감과 편견을 갖기 쉽다는 사실이다. 따라서 이민자의 유입은 사회에 긴장감을 고조시킬 가능성이 있다. 이런 어려움을 극복할 수 있다면, 이민을 적극적으로 활용하는 나라가 계속해서 성장한다. 우리 사회도 나가는 이민뿐만 아니라 들어오는 이민 문제를 해결하기 위해 더 많이 고민해야 할 것이다.

인생 경제학 원리

이민은 몇 세대에 영향을 미치는 중대한 투자 결정이다. 다른 투자와 마찬가지로 이민도 기대 성장률이 높은 곳으로 가야 한다. 이민은 앞으로 더 활성화될 것이다. 이민은 제로섬 게임이 아니라 기존 멤버들에게도 큰 이익을 가져다줄 수 있는 포지티브섬 게임이다.

{ 4. 결혼, 계약의 형태가 변화한다

대다수의 사람들은 결혼을 해서 가정을 꾸린다. 물론 독신을 선택하는 사람도 있지만, 아직은 드물다고 보아야 한다. 과거나 지금이나 미래나 남녀가 만나 사랑을 하고 결혼을 하는 일은 계속될 것이다.

그러면 경제적 관점에서 결혼을 어떻게 이해하면 좋을까? 하나의 계약으로 이해할 수 있다. 굳이 결혼을 경제적 관점으로 볼 필요가 있느냐고 말할 사람도 있겠지만, 엄밀한 의미에서 결혼은 남녀가 권리와 의무를 주고받는 관계를 만드는 것이다. 성혼 선언문에 구두로 답하면서 쌍방에 대한 의무를 성실히 수행할 것을 계약하는 것이다.

'결혼＝계약'이라는 법칙의 실체는 변함이 없겠지만, 계약의 특성이 점점 변하고 있다. 이 역시 결혼을 둘러싼 환경이 변하기 때문이다. 과거에는 한 번 결혼은 영원한 결혼이라고 생각했다. 그래서 말

그대로 죽음이 두 사람을 갈라놓기 전까지는 함께한다는, 장기적인 계약 관계로 받아들였다.

그러나 점점 이 계약 기간이 짧아지고 있다. 고용 관계나 인간 관계가 짧아지는 것처럼, 가장 장기적이어야 할 결혼 기간 역시 짧아지고 있는 것이다. 우리나라의 이혼율은 2006년 12월 현재 세계 2위를 달릴 정도로 매우 높다.

이처럼 이혼율이 늘어난 이유에는 여러 가지가 있다. 우선은 결혼을 바라보는 관점이 달라지고 있기 때문이다. 잘 맞으면 해로할 수도 있지만, 그렇지 않으면 헤어지는 게 더 낫다고 생각하는 것이다. 아이들 때문에 참고 살아야 한다는 전 세대와 완전히 대비된다.

며칠 전, 필자는 한 지인으로부터 상대방이 먼저 결혼한 자녀들 이야기를 꺼내기 전에는 절대로 아이들 잘 사느냐고 물어보지 말라는 이야기를 들었다. 젊은 세대의 결혼에 대한 관점을 드러내는 사례다.

다음으로는 여성들의 경제력이 상대적으로 강해진 점이다. 결혼을 하고 남자는 경제력을 확보하고 여자는 아이들과 집안 살림을 챙긴다는 등식이 깨어진지가 오래되었다. 이런 추세는 앞으로도 더욱 가속화될 것으로 보인다. 경제력을 갖게 되면 서로를 동등한 관계로 이해하게 된다. 그런데 남녀관계에 대한 고정관념은 쉽게 깨어지지 않는다. 특히 가부장적인 사회에서는 더욱 그렇다. 황혼 이혼이 늘어나는 이유도 가부장적인 관념을 가진 남자들은 많은데 여자들은 자신의 권리를 회복하기 시작했기 때문이다.

전통적으로 결혼을 통해 해결할 수 있었던 많은 일들, 생리적인 욕구나 가사 노동 등과 같은 일들을 해결해 주는 제품이나 서비스가 등장한 것도 이혼율이 늘어난 요인이다. 군이 결혼 제도를 유지하지 않더라도 필요한 서비스를 공급받을 수 있기 때문에 당사자들은 더욱 쉽게 이혼을 결심할 수 있다.

그런데 결혼 생활에서 이혼을 변수로 생각하는 것과 상수로 생각하는 것은 참으로 다른 결과를 낳을 것이다. 선택 가능한 옵션으로 생각하면 얼마든 그런 선택을 할 수 있기 때문이다. 『코끼리와 벼룩』의 저자인 찰스 핸디(Charles Handy)의 말을 들어보자.

나는 이혼은 안 된다고 생각한다. 나의 부모님이 이혼은 절대 안 된다고 생각한 것처럼 나도 거기에 동의한다. 이혼이라는 단어를 아예 나의 사전에서 삭제한 것이 나의 생활 관점을 바꾸어놓았다고 생각한다. 무슨 뜻인가 하면, 부부의 생활 방식이 바뀔 때 서로 이혼해 새로운 배우자를 추구하기보다는 부부 사이에 새로운 형태의 파트너십을 추구하는 것이 더 낫다는 뜻이다. 새 파트너십은 인생을 시작하는 나에게 아주 주효했다.

이혼한 부부의 자녀는 나중에 이혼하는 경우가 많다. 아마도 이혼이 유년 시절부터 하나의 변수로 들어 있었기 때문일 것이다. (찰스 핸디, 『코끼리와 벼룩』)

경제적인 관점에서 결혼은 엄청난 지적 · 심리적 · 정서적 · 경제적 투자에 해당한다. 그렇다면 이혼이란 그런 투자를 별다른 의미 없는 투자로 만들어버리거나 투자수익률을 형편없이 떨어뜨리는 사건이다. 그렇기 때문에 결혼 생활을 지속하기 위해 열심히 노력할 필요가 있다.

좋은 기억이건 나쁜 기억이건 사랑하고 결혼하고 아이를 낳아 키우는 과정에서 추억을 만들게 된다. 이 기억들은 평생을 살아가는 데 정말 좋은 자산이다.

 **인생 경제학 원리**

결혼은 계약이다. 그런데 시간이 갈수록 계약의 형태가 장기 계약에서 단기 계약으로 변하고 있다. 결혼은 엄청난 투자이기 때문에 가능한 계약 관계를 지속하는 것이 좋다. 그러나 계약의 형태가 바뀌는 것은 막을 수 없을 것으로 보인다.

5. 절약의 역설

절약도 좋지만, 너도 나도 지갑을 닫아버리면 경제는 어떻게 될까? 경제학에서는 이를 두고 '절약의 역설'이라고 한다. 개인 차원의 합리적인 행동이 사회 전체로는 폐해를 낳는 것이다.

한 경제의 지출은 크게 네 가지가 있다. 우선은 민간이 주도하는 소비가 있다. 신축 주택에 대한 지출을 제외한 상품이나 서비스에 대한 가계의 지출을 말한다. 그 다음으로는 기업이 새로운 생산 설비나 건축물, 신축 주택을 구입하는 투자가 있다. 흔히 투자는 설비 투자와 건축 투자로 나누어진다. 또 세금을 이용해서 상품 및 서비스를 구매하는 정부 지출이 있다. 마지막으로 수출에서 수입을 빼버린 순수출이 있다. 그래서 경제학자들은 '국내총생산(GDP)＝소비 ＋ 투자 ＋ 정부 지출 ＋ 순수출'을 이용하기도 한다.

외환 위기가 닥쳤을 때 이야기다. 필자가 모 방송국에 나가 탤런트들과 함께 장터에서 경제 이야기를 한 적이 있다. 당시만 하더라도 그런 데 경험이 별로 없었던 터라 프로그램 성격을 꼼꼼히 따져보지 않고 나간 게 실수였다. 후회가 몰려왔지만 생방송이어서 중간에 그만둘 수도 없었다. 당시 분위기가 금붙이를 모으는 상황이었기 때문에 집집마다 갖고 있던 안 쓰는 물건을 가지고 나와 교환하면서, 더 아껴 쓰자는 취지의 방송이었다. 방송 제작자를 비롯해 프로그램을 만든 사람들은 흥청망청 쓰다가 이런 사태가 닥친 거니까 무조건 아껴 쓰면 형편이 더 나아질 것이라며 지금부터라도 돈을 아껴 쓰자고 했다.

그러나 세상살이가 그렇게 단순하게 돌아가는 게 아니다. 만일 갑이란 사람이 을이나 병의 상품을 사 주지 않고, 을이나 병 역시 절약하면 주고받는 거래 관계가 미미해져 서로에게 피해를 주고 만다. 경제는 불황에 빠져들게 되고, 불황은 다시 실업을 높이고, 소득 수준이 낮아져 전체 수준이 하향 이동하게 된다. 서로 사고파는 거래가 원활할 때 경제가 성장한다. 개인 차원의 합리적인 활동이 사회 전체에는 마이너스의 효과를 낳는 것이다. 그러므로 절약의 미덕이 가져오는 부정적인 효과를 방지하려면 지나치게 소비가 위축되지 않도록 주의해야 한다.

소득 범위 안에서 소비하는 게 미덕이라는 말은 진실이다. 자신의 소득을 벗어나 미래 소득까지 끌어다 소비해 버리면 안 된다. 우리 속담에 '빚으로 소까지 잡아먹는다'는 이야기가 있다. 미래 소득을 끌어 써버리게 되면 부채를 지게 되고, 언젠가는 원금과 이자 비용을 함께 지불해야 한다.

카드 사용을 부추기던 시대가 있었다. 그 때문에 가계는 빚을 졌고, 다음 몇 해 동안 소비가 지나치게 위축되어 내수가 꽁꽁 얼어붙었다. 카드사가 위기에 빠지고, 결국 카드 위기 운운하며 가슴을 졸였다.

그런데 소득의 범위 내에서 소비를 하는 일은 장려해야 하는 일이다. '경기는 심리다'라고 이야기들 한다. 실제로 경기가 나쁘다, 나쁘다 하면 실상과 관계없이 모두 지갑을 닫기 때문에 다른 쪽이 영향을 받게 되는 악순환이 발생한다.

그런데 이따금 정책을 담당하는 사람들이 소비 심리를 위축시킨다. 금리를 담당하는 사람이 앞으로 추가적인 금리 인상이 있을 것이라는 이야기를 했다고 하자. 그러면 당장 금리가 오르지 않더라도 소비자들은 금리 인상을 가정하고 행동하게 된다. 금리가 인상되면 투자가 위축되고, 보통 가계는 가계 부채에 대한 이자 부담이 늘어 소득이 줄어들게 될 것이다. 그 결과 가계 소비에 투입되는 돈이 줄어든다. 이렇듯 사람들은 정보를 이용해 미래에 대한 예상 또는 기대를 형성한다. 경제학자들은 이러한 기대 형성을 '합리적 기대'라고 한다.

어렵게 생각할 필요 없이 자동차나 대형 가전제품을 구매한다고 가정해 보자. 현재 소득뿐만 아니라 미래의 소득에 대한 기대에 바탕을 두고 구매할 것인가 말 것인가를 결정할 것이다. 물론 충동구매도 있지만, 대부분 자신의 소득 가운데 소비에 투입되는 비중을 일정하게 유지하게 된다. 이런 논리에 바탕을 두고 이론을 펼친 인물이 자유경제학자 밀턴 프리드먼(Milton Friedman)이다. 그는 '항상소득가설'을 통해 실제 소비는 변동소득(임시소득)에 따라 결정되는 것이 아니라 장기적으로 확실한 항상소득의 수준에 의존한다고 주장했다.

그럼에도 불구하고 역시 소비 수준은 소득 수준이 지속적으로 향상될 때만 늘어난다. 우리 경제가 지난 몇 십 년 동안 이루어낸 성과로 우리의 소비 수준도 크게 나아졌다. 이때 소비 수준의 격차가 생겨나면서 문제가 발생하는 것은 어쩔 수 없는 일이다.

자신의 능력 범위에서 소비하는 것이야말로 어떤 자선보다도 다른 사람을 돕는 일이다. 우리는 재화나 서비스를 구입할 때 행복감을 느낀다. 자신도 돕고, 타인도 돕는 일이야말로 적절한 소비다.

인생 경제학 원리
모두가 절약하면 경제는 불황에 빠진다. 소득의 범위 내에서 합리적으로 소비해야 모두에게 도움이 된다. 무조건 안 쓰고 안 사는 것은 미덕과는 거리가 먼 행위다.

6

사기를 피하는 방법, 매수인 주의 원칙

남한테 속아보지 않은 사람이 없을 것이다. 사기라고 부르기에는 규모가 작은 경우가 많겠지만, 아무튼 자신의 이익을 위해 다른 사람을 속이는 일은 흔하게 일어난다. 인간이란 원래 이기적인 심성과 이타적인 심성을 모두 갖고 태어난 복합적인 존재다. 하지만 이기심이 이타심보다 앞도적인 우위를 차지한다. 공공선택학 분야에서 괄목할 만한 성과를 낸 고든 털럭(Gordon Tullock)이란 학자는 이를 두고 '5퍼센트 가설'이라고 불리는, 다소 유머러스한 주장을 했다. 상인이건 정치가이건 그들이 벌어들이는 소득 가운데 5퍼센트 정도는 타인을 위해 아낌없이 내놓는다는 것이다. 그러니까 순수하게 물질적인 면만 기준으로 하면, 인간은 이기심이 95퍼센트, 이타심이 5퍼센트라는 것이다.

자신을 보호하는 최고의 방법은 스스로 타인의 이익을 위해 이용당하지 않도록 주의를 기울이는 것이다. 조간신문을 펼칠 때면 척 보기만 해도 사기성이 농후한 부동산 광고가 전면에 실려 있을 때가 많다. 명백한 사기인데도 걸려드는 사람들이 그 만큼 많다는 이야기다. 장사가 되지 않고서야 거의 매일 비슷한 광고가 등장할 리 없다.

어떻게 전화번호를 알았는지 좋은 땅이 있으니까 이번 기회에 사라고 권하는 전화가 자주 걸려 온다. 이 양반들이 어떻게 전화번호를 알게 되었을까도 놀랍지만, 이 말에 넘어가는 사람들이 있다는 게 더 놀랍다.

경제학에서는 인간을 자신의 이익을 극대화하는 존재로 본다. 익명의 사람들로 구성된 사회가 의식주 문제를 해결하고 성장할 수 있는 것은 이타심에서 나오는 것이 아니라 이기심에서 나온다. 일찍이 아담 스미스는 『도덕 감정론』에서 다음과 같이 이야기했다.

모든 인간은 천성적으로 무엇보다도 가장 먼저, 그리고 주로 자기 자신을 돌보게 마련이다. 사람은 그 어떤 사람보다도 자기 자신을 돌보는 데 적합하며, 또한 그러는 게 옳다. 따라서 모든 사람은 자기 외에 다른 사람들과 관계된 사항보다도 자기 자신과 직접 관계된 사항들에 더 깊은 관심을 갖는다. (…) 인간의 본성은 이기적이고 본원적이기 때문에 타인의 최대 관심사보다도 자신의 작은 이해 손실이 훨씬 더 중요해 보인다. 타인의 이해관계를 내 입장에서 보는 한 결코 우리의 이해관계와 타인의 이해관계는 균형을 이룰 수 없다. 그것이 아무리 자신에게 파멸적인 것이라 하더라도 우리가 자신의 이해관계를 추구하는 것을 결코 막을 수 없다. (아담 스미스, 『도덕 감정론』)

이는 인간에게는 타인의 죽음조차 관심의 대상이 될 수 없다는 것이다. 당장 자신의 이해관계에 큰 영향을 미치지 않는 한 다른 사람들이 억울하게 죽는 일조차도 그다지 대수롭지 않게 여긴다는 것이다. 아담 스미스는 『도덕 감정론』에서 중국에서 일어난 예기치 않은 지진으로 수많은 사람들이 죽는 불행한 사건보다 자신의 손가락을 다친 일이 더 고통스러운 게 인간이라고 말한다.

중국이라는 대제국에 지진이 나서 수많은 사람이 갑자기 사라져버렸다고 상상해 보자. 그리고 이 일과는 아무 관계 없는 유럽의 어떤 인도주의자에게 이 가공할 만한 소식이 전해졌을 때 그가 어떤 영향을 받을지 상상해 보자. 그는 우선 저 불행한 민족의 액운에 매우 강한 애도를 표명할 것이고, 일순간 파괴되는 인간의 모든 노동의 허망함에 대해 이야기할 것이다. 만약 그가 사색적인 사람이라면, 이 재난이 유럽의 상업과 전 세계의 무역과 사업 활동에 미칠지도 모를 효과들을 추론할 것이다. 그리고 이 모든 정교한 관점이 전부 정립되면, 다시 말해 그 재앙이 발생하기 전처럼 마음의 평정을 찾으면 다시 가벼운 마음으로 사업에 몰두하거나 기분을 전환할 것이다.

자신의 하찮은 재난이 오히려 더 혼란스러울 것이다. 만약 그가 내일 새끼손가락을 잘려야 한다면 오늘밤 한숨도 못 자겠지만, 1억 명의 이웃이 파멸해도 눈으로 보지 않은 한 코를 골며 잘 것이다. 거대한 파멸도 자신의 하찮은 불행보다 관심을 끌지 못하는 것이다. (아담 스미스, 『도덕 감정론』)

이 같은 주장은 아담 스미스만 한 게 아니다. 데이비드 흄(David

Hume)도 자신의 대표작 『인성론』에서 '내 손가락에 상처를 내기보다 차라리 세상이 파멸되기를 바라는 게 반이성적인 것은 아니다'라고 말할 정도다. 이보다 더 이기적인 인간은 타인의 이익을 희생해 가면서 자신의 이익을 얼마든 극대화할 수 있다. 물론 인간의 본성에는 자신의 이기심을 충족하기 위해 타인의 이익을 침해하는 일을 제어하는 면도 있다. 이를 두고 양심이라고 부르는데, 이를 테면 제삼자의 입장에서 어떤 행동의 정당성 여부를 판단하는 가상의 재판관, 즉 '마음속에 있는 자아'를 말한다. 그렇지만 이 가상의 재판관이 항상 승리하는 것은 아니다. 여기서 사기나 기만, 협잡 같은 일들이 일어나게 된다.

부당한 방법으로 타인을 속여 물질을 빼앗는 일은 얼마든 일어난다. 부모로부터 귀에 못이 박히도록 '빚보증을 서지 말라'는 이야기를 듣고 자랐을 것이다. 사업을 했던 필자의 부모는 살면서 경험한 모든 교훈적인 사례를 많이 들려주었다. 세상이란 험한 곳에서 자식이 남으로부터 속아 비용을 지불하는 일이 없게 하기 위해서였을 것이다.

'눈 감으면 코 베어간다'는 속담이 있다. 정신을 바짝 차리지 않으면 타인에게 당한다는 이야기다. 많은 자서전에는 사기를 당하고 난 다음 다시는 그런 일이 없게 노력했다는 이야기가 빠지지 않고 나온다. 물론 결정타를 맞고 재기 불능이 된 경우도 많다.

타인이란 존재는 항상 자신의 이익을 먼저 앞세운다는 사실을 늘 기억해야 한다. 그것은 자신과 가족을 보호하는 일이기도 하다. 이따금 누군가가 지나친 호의를 베풀면, 그 호의 뒤에 숨어 있는 뜻을 읽어내야 한다.

시장경제란 기본적으로 사는 사람, 즉 구매자 자신이 주의를 기울여야 하는 매수인주의 원칙을 바탕으로 하고 있다. 그러니까 자본주의적 거래의 본질은 '매수인주의' 원칙에 바탕을 두고 있다. 의도된 호의에 넘어가고 나서 땅을 치고 후회해도 소용없다. 주의를 기울이지 않아 본 손해는 본인 스스로가 져야 한다.

인생 경제학 원리

인간의 이기심은 양심이란 제어 장치에 의해 통제되기도 하지만, 타인을 적극적으로 이용하는 데도 동원된다. 지나친 호의로부터 스스로를 보호할 수 있어야 한다.

명품 소비는 자연스러운 욕망이다

'효용의 극대화'. 경제학을 배우는 사람들이 맨 처음 접하는 용어다. 효용은 만족감으로 해석할 수 있겠다. 인간은 언제 효용을 극대화할까? 다시 말해 우리는 언제 만족감을 느낄까? 재화나 서비스를 보고, 느끼고, 소비할 때일 것이다. 재화나 서비스도 보통 수준이 아니라 더 좋고, 더 비싸고, 더 희소한 것을 갖게 되거나 경험할 때 만족감이 크다.

만족감은 대단히 주관적이다. 어떤 사람에게는 만족감이 상당히 큰 재화나 서비스도 다른 사람에게는 아무 의미가 없을 수도 있다. 어떤 사람은 자동차에 유난히 관심이 많은 반면에 어떤 사람은 해외여행에 관심이 많을 것이다. 따라서 두 사람의 소비 형태도 다를 것이다. 자동차를 좋아하는 사람이라면 나름대로 명품 자동차에 대한 정의를 내리고 있을 것이다. '나에게 명품이란 메르세데스 벤츠나 BMW다'라고 말이다. 그리고 부자가 되면 꼭 명품 차를 사겠다는 꿈을 갖고 살아갈 것이다. 이런 욕망이 있기에 더 많이 성공하기 위해 노력한다. 반면에 여행에 관심 있는 사람에게는 앞서 명품 차를 갖고 싶다는 욕망에 '지중해 크루즈를 하고 싶다'는 식의 욕망이 대체될 수 있을 것이다.

명품을 소비하는 것은 욕망을 충족하는 것이다. 자신의 욕망을 충족시키기는 것은 행복추구권 중 하나다. 타인에게 피해를 주지 않는 한 자신의 행복을 추구할 수 있는 권리다. 따라서 여력이 있는 사람이 명품을 구매하거나 경험하는 것을 두고 나무랄 수 없다.

언젠가 국내 모 그룹 사장단이 외제 차를 타기로 결정했다는 보도를 접한 적이 있다. 이를 두고 그래도 간판급 기업가들은 국산 차를 타는 게 옳다고 생각할 수 있다. 그러나 명품 차를 타봐야 자기들이 만드는 상품에 대한 스탠더드가 높아질 수 있기 때문에 올바른 조치라고 생각할 수도 있다.

인간에게는 자신의 재력으로 오감을 충족할 권리가 있다. 이런 욕망이 있기에 자본주의가 여타의 체제에 비해 월등한 생산성을 발휘할 수 있는 것이다.

명품을 소비하는 또 다른 이유는 과시 효과 때문이다. 경제학자 베블런(Thorstein Bunde Veblen)이 제시한 이 개념은 명품을 자랑하기 위해 소비하는 경우다. 도덕적인 정당성 문제를 제쳐 두고, 본성에 잠시 관심을 기울일 필요가 있다. 인간은 어떤 상황에서든 자신을 차별화할 수 있는 무언가를 만들어내는 존재다. 인간은 아무리 공권력을 이용해 평등하게 만든다고 해도 타인과 자신을 다르게 보이게 할 부분을 끊임없이 생산하는 본성을 갖고 있다. 이는 유전자 속에 깊이 각인되어 있기 때문에 좀처럼 없앨 수 없다.

경제가 성장하면서 한때의 명품이나 사치재가 보통재로 바뀐다. 그러므로 인간의 성장사는 한때의 사치재가 보통재로 바뀌는 역사다. 이제 웬만한 집이면 모두 자동차를 갖는 시대가 되었다. 그것도 두세 대인 집도 많다. 이것은 무엇을 이야기하는가? 오래 전의 사치재가 경제 성장과 함께 보통재로 바뀌었다는 뜻이다. 이제 사람들의 관심 주제는 누가 외제 차를 타는가로 바뀌었다. 이 역시 앞으로 어떻게 바뀔지 두고 볼 일이다.

미국의 신용카드 회사인 아메리칸 익스프레스는 보고서를 통해서 진짜 부자들은 더 이상 명품을 구입하지 않기 시작했다고 말한다. 리츠칼튼 호텔의 최고경영자인 사이먼 쿠퍼(Simon Kuper)는 "다른 이들의 눈을 의식해 허세를 부리기 위한 소비는 끝났다"며 "이들은 일반 사람들이 구매하지 않는 것을 찾는다"고 말한다. 너도 나도 명품을 구입하는 바람에 기존의 명품 상품이나 서비스가 가진 희소성을 상실했기 때문이다. 그래서 새로 등장한 상품이나 서비스가 자신만을 위한 맞춤 명품이다. 그러니까 '기성 명품'과 '맞춤 명품'으로 나뉜 것이다. 그리고 시간이 가면 후자가 원조 명품이 될 것이다.

이처럼 끊임없이 다른 사람 혹은 다른 그룹과 자신을 차별화하려고 노력하는 것이 명품에 대한 지칠 줄 모르는 수요가 발생하는 이유다. 어떤 재화나 서비스를 갖기 위해 오래 동안 노력해서 그것을 얻고 나면 얼마 가지 않아 욕망이 사그라들 수밖에 없다. 그때부터 또 다른 욕망, 더 단계가 높은 상품이나 서비스를 갖고 싶어하게 된다. 따라서 물질적인 부를 축적하는 것과 행복이 반드시 비례하는 것은 아니다. 긍정의 심리학을 창안한 마틴 샐리그먼(Martin Seligman)은 "행복은 물질적 풍요가 아니라 긍정적 사고에서 나온다"라고 말한다.

하지만 아무리 사회적으로 노력해도 "나는 너와 달라!" 하고 외치고 싶은 욕구를 억누를 수는 없다.

인생 경제학 원리

인간은 욕망 총족을 추구한다. 명품을 향한 지칠 줄 모르는 욕구도 이 때문이다. 만족할 줄 모르는 욕망이 자본주의를 성장시킨다. 욕망을 자연스럽게 흘러갈 수 있도록 하는 것이 바람직하다.

8

세계화는 시장의 확대다

　시장의 통합화가 세계화다. 얼마 전 서울에서 한미 간에 FTA 협상이 있었다. 이런 일이 생기면 으레 반대를 주업으로 삼는 사람이 있다. 이들이 내세우는 논리는 이런저런 산업이 아직은 강대국에 비해 경쟁력이 낮은데 이렇게 시장을 개방해 버리고 나면 강대국에 잡아먹히는 게 아니냐는 것이다.

　제로섬 게임에서 한쪽은 승자가, 다른 한쪽은 패자가 된다는 것은 자명한 일이다. 그러나 경제 문제는 흑백으로 가려지는 게 아니다.

　물론 시장이 통합되어 시장을 개방하는 쪽으로 가게 되면 문을 닫는 기업들이 속속 나오고, 일자리를 잃어버리는 사람들이 속속 등장하는 것은 사실이다. 경쟁력을 잃은 산업이나 기업이 경쟁력을 끌어올리려고 자원을 재분배하거나 다른 기업이나 산업을 향해 자원을 이동할 수밖에 없기 때문이다.

그러나 이게 전부는 아니다. 직간접으로 경쟁이 촉진되면 각자가 더 잘하는 분야에 자원을 재분배하므로 국민 경제 전체로 볼 때 후생 수준이 훨씬 나아지기 때문이다. 그렇기 때문에 시장 개방 시기를 기준점으로 삼아 특정 산업에 초점을 맞추어 무조건 반대만 하지 말고, 경제 전체의 입장에서 답을 찾으라는 것이다.

그러려면 세계화에 적극적으로 동참하는 동시에 국제무역기구를 통한 국가 간 협약으로 시장 개방을 더욱 적극적으로 추진해야 한다. 리카르도(David Ricardo)의 비교우위론의 핵심은 어느 국가도 모든 걸 다 잘할 수는 없다는 것이다.

다른 국가, 다른 분야에 비해 우리가 상대적으로 더 잘할 수 있는 것을 생산해 교역을 하면 한 나라만 이득을 보는 것이 아니라 교역 대상국 모두가 이득을 본다. 따라서 누군가가 나서서 이런저런 명분을 내세워 개방을 저지하는 사람들을 설득해야 한다.

그러나 비교우위론만으로는 논리적이고 이성적으로 설득하기가 쉽지 않다. 사람들은 한쪽이 갖고 나면 다른 한쪽은 그만큼 빼앗긴다고 생각한다. 그러나 앞에서도 누누이 말했듯이 모든 자발적인 거래는 서로에게 이익이 된다.

중국은 임금이 낮기 때문에 우리보다 상품을 싸게 만들 수 있다. 그렇기 때문에 중국 제조업체로부터 국내 기업들을 보호하려면 높은 관세를 매겨야 한다고 주장하는 사람도 있다. 일정 기간 동안 아예 문을 닫아버리자는 사람도 있다.

중국 농산물 수입을 금지하거나 지나치게 높은 관세를 먹이면 과연 누가 이익을 보는가? 우선은 농민과 농산물을 유통하는 사람들이다. 하지만 이들은 국민경제에서 차지하는 비중이 압도적으로 많지 않다.

그리고 다수의 소비자들은 턱없이 비싼 농산물을 사 먹어야 한다. 농산물 개방이 본격적으로 이루어지기 전에 소비자들은 턱없이 비싼 쌀값과 농산물 가격을 부담해 온 것이 사실이다.

겉으로는 근사한 논리를 내세우더라도 개방 반대 주장 뒤에는 자신의 이익을 보호하려는 의도가 숨어 있다. 이미 말했듯이 개방을 막을 것이 아니라 개방을 허용해 잘하는 부분에 자원을 배치하는 게 중요하다. 옳고 그름의 잣대를 소비자의 후생 극대화라는 관점에서 정하면 문제를 해결할 수 있다.

세계화는 시장 확대와 이로 인한 전문화의 확대, 이로 인한 부의 증가를 의미한다. 물론 경쟁 과정에서 경쟁력을 상실할 수밖에 없는 사람도 있다.

하지만 세상이 변화하는 것처럼 자신도 변해야 한다. 고객에 맞추어서 말이다. 고객에게 더 나은 가치를 제공할 수 없다면 결국 도태될 수밖에 없기 때문이다.

인생 경제학 원리

세계화는 시장 확대다. 전문화의 이점을 활용하면 더 큰 효용을 낳을 수 있다. 교역 확대는 사람들의 생활 수준을 끌어올린다. 이것이 변치 않는 진실이다.

제5장 경제학적 사고로 훈련하기

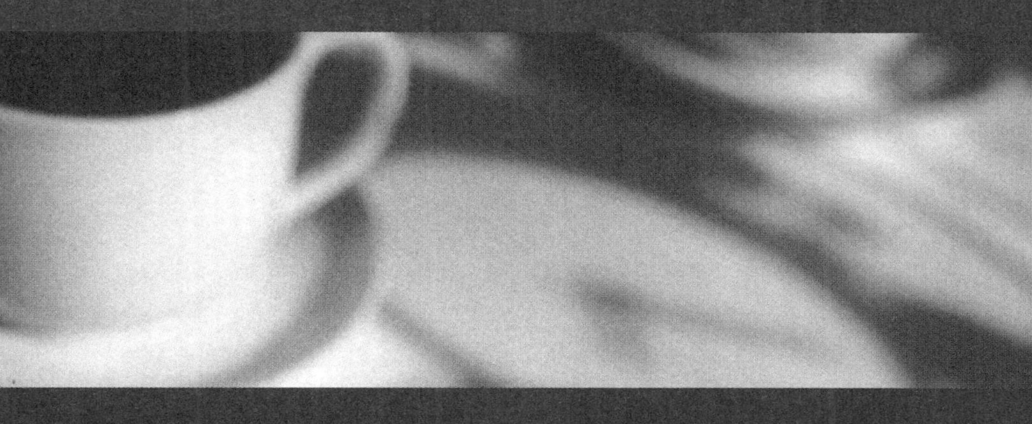

개인의 의사결정

경제학적 사고로 훈련하기

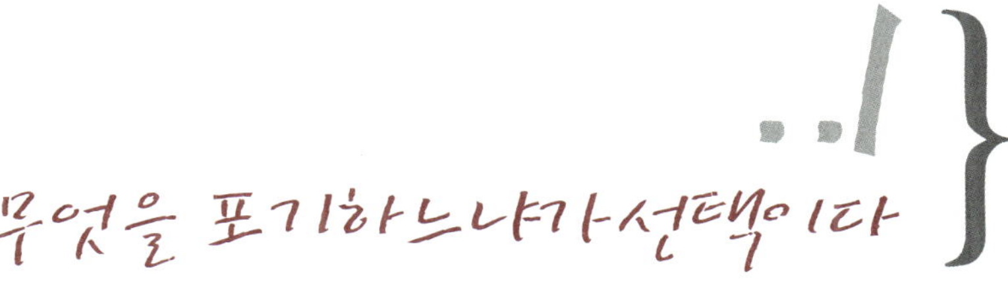

세상에는 공짜 점심이 없다. 경제학적 사고로 무장하고 싶으면 이 오래된 속담을 명심하라. 무언가를 얻는 데는 반드시 대가가 따른다. 그러므로 자신이 속한 조직이나 공동체가 무언가를 얻을 때 포기해야 하는 게 무엇인가 꼼꼼히 따져봐야 한다.

우리의 일상생활은 선택의 연속이다. 이것을 선택할 것인가, 저것을 선택할 것인가 결정하는 것이 바로 의사 결정이다. 훗날 '그 선택이 결정적이었구나' 하고 후회할 때가 있다. 만일 아래와 같은 상황이라면 어떤 선택을 내릴 것인가?

1996년 봄, 경제학원론 수강을 막 끝낸 19세의 대학교 2학년 학생은 대학 공부를 2년 더 할 것인가, 아니면 직업을 가질 것인가 하는 기로에 섰다. 미국 아마추어 골프 대회에서 세 번이나 우승한 이 학생이 가질 직업은 프로골퍼였다. 하루는 24시간뿐이므로 이 두 가지를 동시에 할 시간은 없었다. 대학 공부를 마치려면 매우 큰 비용이 들었다. 비용은 추가적으로 내야 하는 학비뿐만 아니라 그가 프로골퍼가 되어 벌 수 있는 우승 상금과 광고 수입도 포함된다. 이 학생은 프로골퍼가 되기로 했다.

1996년 가을, 그는 《스포츠 일러스트레이티드》에 그해의 운동선수로 뽑혔고, 1997년에는 유명한 마스터즈 토너먼트에 참가해 골프계를 놀라게 했다. 1999년에는 프로 경기 최다 우승자가 되어 600만 달러 이상의 상금을 벌었으며, 2000년에는 유에스 오픈과 브리티시 오픈, PGA에서 모두 우승했다. (존 테일러, 『테일러 경제학』)

이 학생이 바로 골프 신동 타이거 우즈(Tiger Woods)다. 타이거 우즈가 대학을 포기하는 대신 대안을 선택해 거둔 가치의 총합이 바로 타이거 우즈가 계속해서 대학교를 다니는 의사 결정에 따르는 기회비용이다.

정치가들이 환심을 사려고 사용하는 수법 중에 하나가 무상 교육, 무상 주거, 무상 건강, 무상 노후를 제공하겠다는 것이다. 그런데 이 경우에도 한번쯤 누가 그 비용을 지불하게 되는가라는 질문을 던져보아야 한다. 그 역시 희소성과 기회 비용의 원칙이 적용되기 때문이다.

무상 교육을 실시하기 위해 하나의 공동체가 자원을 투입해야 한다면 한정된 자원 내에서 다른 것의 희생이 불가피하다. 왜냐하면 이미 말한 것처럼 세상에는 공짜가 없기 때문이다.

다시 말하지만 세상에는 공짜가 없다. 모든 선택에는 대가가 따른다는 사실만 염두에 두고 있어도 현명한 의사결정을 내릴 수 있다. 그래야 개인적인 경제적 이득이나 다른 가치 창출뿐만 아니라 집단적 선택을 할 때도 무지한 선택을 피하게 해준다.

{ 2.
사람은 경제적 유인에 반응한다

사람들은 경제적 유인 혹은 인센티브에 따라 다르게 반응한다. 행동의 변화를 통해 얻는 이익이 비용보다 클 때는 행동 변화 쪽을 선택하는 것이다. 이것이 경제학적 사고다.

모든 경제 이론은 인센티브의 변화가 인간의 행동에 예측 가능한 영향을 미친다는 전제를 바탕으로 한다. 다시 말해 우리 각자에게 돌아오는 이익과 비용이 우리의 선택에 이익을 미친다는 것이다. 어떤 것을 선택했을 때 얻을 수 있는 이익이 클수록 그것을 선택할 확률은 높아진다. 반대로 그 선택 때문에 손해를 보게 된다면 그것을 선택할 확률은 낮아진다. 이것이 경제학의 전제다. (제임스 과트니(James D. Gwartney), 리처드 스트라웁(Richard L. Stroup), 『7천만의 시장경제 이야기』)

'사돈 떡도 싸야 사 먹는다'는 속담이 있다. 서로 잘 아는 사이라도 무엇인가를 구입할 때 더 중요한 것은 가격이란 점이다.

시장에는 셀 수도 없이 많은 상품과 서비스가 존재하지만, 수요와 공급은 어느 누구의 지시나 명령 없이도 적절히 조절된다. 시장에서 각각의 상품과 서비스의 수요와 공급이 적절히 균형을 찾아가는 과정은 매우 놀랍다.

특정 상품이나 서비스를 원하는 사람이 많아지면 가격이 오르기 때문에 생산자는 더 많이 생산해야 할 경제적 유인을 갖게 된다. 가격이 비쌀수록 이익이 많이 남기 때문이다. 만들면 만들수록 이익이 남는데, 어느 누가 마다하겠는가? 반면 가격이 오르면 소비자는 수요를 줄이게 된다. 결과적으로 수요와 공급이 균형을 맞추게 된다.

토마스 소웰이 가격을 기온 상태에 따라 오르락내리락하는 온도계에 비유한 것도 이 때문이다. 그런데 한 가지 염려스러운 사실은 '선한 의지'를 가지고 가격이라는 온도계를 임의로 조정하려는 사람들이 있다는 것이다. 그것은 마치 세상의 기온을 낮추려고 온도계에 얼음을 갖다 대는 것과 같다. 물론 온도계에 얼음을 갖다 댄다면 온도계가 가리키는 숫자는 내려갈 것이다. 하지만 그런다고 세상의 온도가 낮아지는 것은 아니지 않는가?

시장의 온도계를 없애버린 최초의 사건은 기원 후 301년 로마의 디오클레티아누스(Dicodetianus) 황제가 집권할 때였다. 역사가들은 그가 실시한 가격 통제 정책을 두고 인류 최초의 가격 통제 정책이라고 말한다.

디오클레티아누스 황제는 인플레이션을 잡기 위해 로마제국에서 유통되는 모든 상품과 서비스의 최고 가격을 정하고, 그 가격 이상으로 거래하는 사람들을 엄벌했다. 물론 로마 시민을 보호하려는 '선한 의지'였다.

하지만 온도계가 없어져버린 로마에는 일대 혼란이 발생했다. 500년 만에 물물교환 경제가 출현했으며, 생산이 급격히 줄어들고, 농민들은 토지를 버리고 상대적으로 세금 부담이 적은 대영주의 보호 아래로 들어갔다. 면세 영지는 더욱 늘어나고, 자작농에게 가혹한 세금이 부과되면서 식량 부족 현상이 일어났다. 무역도 쇠퇴하고, 도시 인구가 감소하면서 대규모 영지는 자급자족 체제를 강화했다.

인간은 인센티브에 반응한다는 지식을 기꺼이 받아들일 수 없는 대중들은 효과를 즉시 발휘하는 온도계 없애기 정책을 지지한다. 1628년 이탈리아의 한 지방에서 흉년이 들었을 때 식료품 공급량이 줄어들자 사람들이 어떤 반응을 보였는지 보자.

마을 주민들은 성주에게 빨리 조치를 취하라고 요구했다. 무지한 군중이 생각해 낸 단순하고 정의롭고 확실한 해결책은 숨겨 둔 식량을 내놓게 하는 것이었다. 성주는 여러 작물에 최고 가격 제도를 도입해 판매를 거부하는 사람은 처벌하겠다고 위협했다. 이와 같은 조치는 비록 강력했지만 식량에 대한 요구를 감소시키거나, 노는 땅에 농사를 짓거나, 공급이 남는 지역에서 지원을 받는 등의 적극적인 해결책과 달리 긍정적인 효과를 가져다주지 못했고, 오히려 상황을 더욱 악화시켰다. 군중이 해결책을 더욱 불완전하게 만들고, 그 효과를 약화시키는 데 일조한 것이다. 이들은 보다 관대하고 결정적인 해결 방법을 요구했다. (토마스 소웰, 『시티즌 경제학』)

대중이 조금만 인내하고, 인간은 인센티브에 반응한다는 단순한 진실을 받아들였다면 어떤 일들이 벌어졌을까? 온도계가 올라가면서 가격이 올라가고, 이에 따라 사람들은 식량을 아꼈을 것이다. 수요량이 줄 수 있는 한 줄었을 것이다. 동시에 높은 가격으로 이익을 볼 수 있다고 생각한 상인들은 다른 곳으로부터 식량을 빠른 시간 내에 수입했을 것이다. 그랬다면 공급량이 늘어나면서 수요량은 줄고 균형 상태를 회복했을 것이다.

3. 2차 효과를 고려하라

학창 시절에는 자신이 공부하지 않았을 때 나중에 지불해야 할 비용까지 생각하기가 어렵다. 눈앞에 있는 것만 염두에 두고 행동하기 때문이다.

젊은 날 담배를 배우기 시작할 때는 담배가 주는 눈앞의 이익에 사로잡힌 나머지 훗날 두고두고 지불하게 될 부정적인 효과까지 생각하지 못한다. 그러나 현명한 의사 결정을 내리려면 눈에 보이는 것뿐만 아니라 눈에 보이지 않는 것에 주목해야 한다. 배우자 선택이나 직업 선택 등 개인이 일생을 통해 내려야 할 선택에는 눈에 보이는 1차 효과와 눈에 보이지 않는 2차 효과를 반드시 생각해야 한다.

이것은 정치가나 공직자들이 사회적인 선택을 내릴 때도 마찬가지다. 조셉 슘페터가 '역사상 가장 재기가 뛰어난 경제저술가'로 부른 프랑스의 천재적인 경제평론가인 클로드 프레데리크 바스티야(Claude Frederic Bastiat)가 쓴 유명한 책 『법』의 첫 장의 제목은 '보이는 것과 보이지 않는 것'이다.

경제 활동에서 이루어지는 것들은 그것이 하나의 행동이든 제도이든 법이든 한 가지 효과에 그치지 않고 일련의 연속된 효과들을 만들어낸다. 여러 가지 효과 중에서 당장 나타나는 효과는 극히 일부분에 불과하다. 그리고 그것들은 눈에 잘 띈다. 반면에 시간을 두고 서서히 나타나는 효과들이 많은데, 이런 효과들은 눈에 잘 띄지 않는다. 우리가 그런 간접적인 효과들을 미리 내다볼 수 있다면 무척 다행이다. (…) 당장 눈에 보이는 효과가 좋아 보일 경우, 그로 인한 장기적이고 간접적인 효과들은 십중팔구 비참한 결과를 가져다주기 십상이다. 그래서 사이비 경제학자들은 당장 눈에 띄는, 하잘 것 없는 이익에 집착한 나머지 사회에 두고두고 해악을 끼친다. 반면에 진정한 경제학자들은 당장은 고통스럽지만 오랜 기간에 걸쳐 나타나는 더 큰 이익을 추구한다.

인간의 건강이나 도덕에 대해서도 같은 말을 할 수 있다. 당장 달콤한 결과를 가져다주는 습관들은 나중에 쓰디쓴 결과를 안겨주게 마련이다. 방탕과 게으름, 낭비벽 같은 것들이 모두 그렇다. 당장 눈에 띄는 효과에만 사로잡혀 두고두고 나타나는 결과를 생각하지 않는 사람은 고약한 습관에 탐닉하게 된다. (클로드 프레데리크 바스티야, 『법』)

이제 바스티야가 들었던 '깨진 창'이란 사례를 이용해 2차 효과가 의사 결정에서 어떤 역할을 담당하는지 보자.

불량배 몇 명이 길가에서 평화롭게 영업하는 제과점에 돌을 던진 다음 도망가버리는 사건이 발생했다고 하자. 제과점 주인은 깨진 창을 보면서 난감해 하고 있는 중이다. 그러자 지나가던 행인이 가볍게 이야기한다. "재수가 없다고 생각하세요. 그리고 유리창이 깨진 것은 화가 날 일이지만, 유리 파는 상인들을 돕는다고 생각하세요. 유리 파는 상인들도 먹고살아야 하지 않습니까? 누구도 유리를 깨지 않는다면 어떻게 먹고살겠어요? 깨진 창은 갈아끼우면 되니 남을 도왔다고 좋게 생각하세요."

과연 행인의 말이 옳을까? 유리창을 갈아끼우는 데 20만 원이 든다고 가정해 보자. 눈에 보이는 효과는 제과점 주인의 20만 원에 상당하는 유리를 추가로 구입할 것이므로 유리 가게 주인이 돈을 벌고, 동시에 유리를 생산하는 산업의 생산량이 늘어난 것이다. 이처럼 눈에 보이는 효과를 보면 구경꾼들이 내린 결론이 올바르다고 할 수 있다. 유리창을 깨고 달아난 건달들의 행위가 유리 가게 주인에게 이득을 가져다주었으니 나쁘지 않다는 결론이다.

그러나 조금만 더 생각해 보면 문제가 그렇게 간단하지 않다는 사실을 알 수 있다. 제과점 주인은 전혀 예상하지 못한 20만 원을 지출했다. 마침 그는 그 20만 원으로 제빵 기계를 살 계획이었다. 그런데 갑자기 발생한 사건으로 20만 원을 날려버린 것이다. 유리창을 깨는 사건이 터지지 않았다면 제과점 주인은 깨지지 않는 유리창도 갖고 있으면서 제빵기도 구입했을 것이고, 이 제빵기를 이용해 더 맛있고 더 저렴한 빵을 만들었을 것이다. 그리고 제빵기에 대한 수요가 발생함으로써 제빵기 사업에도 추가적인 생산 기회를 주었을 것이다.

만약 우리가 사회라는 전체의 차원에서 이 문제에 접근하게 되면,

당연히 한 사회가 만들어낼 수 있었던 제빵기를 잃어버리게 되었고, 이로 인해 그 만큼 가치를 잃어버리게 된 셈이다. 결국 유리 가게 주인의 사업 이득은 제빵기 회사의 사업 손실이고, 두 산업의 주고받는 효과를 상쇄하면 추가 고용은 발생하지 않는다.

결국 구경꾼들은 눈에 보이는 효과, 즉 유리창을 갈아끼우는 가게 주인이 거두는 이득만 본 것이다. 제빵기 회사는 눈에 보이지 않은 상태이기 때문에 구경꾼들은 깨진 유리창이 가져올 효과는 볼 수 없다. 구경꾼들은 제과점을 오가면서 새로 갈아끼워진 유리창은 볼 수 있지만, 구입되지 않은 제빵기를 볼 기회는 영원히 없어졌다.

구경꾼들이 본 것은 눈에 보이는 것이 전부였지만, 눈에 보이지 않는 효과까지 생각하면 그것이 전부가 아닌 것이다. 결국 "무언가가 불필요하게 파괴되었다면 사회는 그것의 가치만큼 손실을 입는다"는 바스티야의 주장은 옳다. 헨리 헤즐릿(Henry Hazlitt)은 자신의 저서에서 이렇게 말했다.

훌륭한 경제학과 나쁜 경제학의 차이는 나쁜 경제학자는 바로 눈에 띄는 것만 보지만, 훌륭한 경제학자는 멀리 있는 것까지 내다본다는 데 있다. 나쁜 경제학자는 제안된 방침의 직접적인 결과만 보지만, 훌륭한 경제학자는 더 장기적이고 간접적인 결과를 본다. 나쁜 경제학자는 특정한 정책이 특정한 그룹에 어떤 영향을 끼쳐왔고 어떤 영향을 줄 것인지를 보지만, 훌륭한 경제학자는 그 정책이 모든 그룹에 어떤 영향을 줄 것인지를 살펴본다. (헨리 헤즐렛, 『경제학의 교훈』)

4. 소유권이 명확할수록 효율성이 높아진다

강철 왕 앤드류 카네기(Andrew Carnegie)는 어린 시절 집에서 비둘기와 토끼를 키우면서 친구들로부터 적극적으로 도움을 받은 귀한 경험을 갖고 있다. 토끼 새끼가 태어날 때마다 친구 이름을 붙여줌으로써 친구들이 스스로 그 새끼에게 민들레와 클로버를 따서 먹이게 한 것이다. 아이들은 자신의 이름으로 된 새끼를 남보다 더 잘 키우기 위해 적극적으로 노력했다.

충분한 보상이 주어지지 않는 상태에서 이루어진 일이었기 때문에 앤드류 카네기는 "어린 시절 친구들이 한 철 내내 나와 함께 민들레와 클로버를 따면서 아주 적은 보상에 만족했다니, 지금 생각해 보면 양심에 가책이 된다"고 회고하면서 이 사건이 자신이 사업가로 입신하는 데 큰 장점이던 조직력을 확인하게 된 기회라고 했다.

사실 내가 성공할 수 있었던 것은 내가 무엇을 알거나 나 스스로 무언가를 해서가 아니라 나보다 잘 아는 사람을 뽑아 쓸 줄 알았기 때문이다. 이것은 누구나 알아 두어야 할 귀한 지식이다. (앤드류 카네기, 『성공한 CEO에서 위대한 인간으로』)

비단 동기부여의 중요성이나 인센티브의 중요성만으로 설명할 문제가 아니라 소유권이 가져다주는 높은 성과에 대한 이야기다.

효율성을 높이려면 무엇보다 소유권(재산권)을 명확히 해야 한다. 자원이 귀하면 귀할수록 더 그렇다. 그렇지 않으면 항상 낭비가 발생한다.

자원이 희소하기 때문에 공동으로 소유하자고 주장하기도 하지만, 그렇게 했다가는 원래 의도와 달리 엄청난 낭비로 끝나버리기 쉽다. 때문에 비용을 최소화하기를 원하거나 만족을 최대화하기를 원하거나 성과를 극대화하기를 원한다면 가능한 재산권이 명확해질 수 있는 의사 결정을 내려야 한다.

만일 앤드류 카네기가 토끼마다 친구의 이름을 붙이지 않고 그냥 '우리 모두 토끼를 잘 키우자'라는 식의 공동 소유의 관점으로 말했다면 결코 큰 성과를 올릴 수 없었을 것이다. 생각해 보라. 공동으로 사용하는 화장실은 왜 늘 지저분한가? 세금은 왜 낭비되는가? 소유권이 명확하지 않은 비영리 단체는 사기업에 비해 왜 그리 느슨하게 운영되고, 낭비되는가? 사람들은 왜 물고기를 남획하는가?

공동 재산은 결국 고갈될 가능성이 높다. 이런 현상을 하딘(G. Hardon)은 '공유의 비극'이라고 불렀다. 중세 유럽의 땅들은 대부분이 목초지였고, 누구든 가축을 몰고 와 풀을 뜯게 할 수 있는 공유지였다. 가축이 적을 때는 별 문제가 되지 않지만, 가축이 늘어나면 필히 문제가 발생하게 된다. 목초지는 일정한데 가축이 늘어나면 남획이란 문제가 발생하게 된다. 풀이 자라나는 속도는 일정한데 이를 먹어치우는 가축이 눈덩이처럼 불어난다고 생각해 보라.

그러면 이를 해결할 수 있는 방법은 무엇인가? 가축을 소유한 주인들이 서로서로 억제하는 것이다. 그러나 자기 이익을 앞세우는 개인은 어떻게 할까? 모두가 공유 재산을 약탈하게 된다.

중세 목초지의 황폐화 문제가 본격적으로 해결되기 시작한 것은 17세기 들어 도입되기 시작한 인클로저 운동 덕분이라 할 수 있다. 이 운동은 울타리를 쳐서 아무나 목초지를 사용할 수 없도록 공유지를 사유지로 바꾼 운동이다. 많은 사학자들은 인클로저 운동이 가난한 농민들의 경작지를 빼앗음으로써 농민들을 곤궁하게 만들었다고 평가하지만, 실은 공유지를 사유지화함으로써 공유의 비극을 해결한 사건이다.

공유지가 사유지화되면서 눈에 띠게 변하는 현상은 토지 단위당 생산성이 비약적으로 높아지는 것이다. 그래서 개인적인 차원에서뿐만 아니라 사회적인 차원에서 어떤 의사 결정을 내릴 때 가능하면 재산권을 확실하게 만들어줄 필요가 있다. 인간은 자기 것이라야 아끼기 때문이다.

한계적(marginal) 판단만이 합리적 결과를 낳는다

주말 드라마에 심심찮게 등장하는 장면이 있다. 정신없이 일하는 남자에게 애인이 전화를 걸어 만나자고 조르는 장면이다. 일과 애인 사이에서 갈등하던 남자는 "내가 더 중요해, 일이 더 중요해? 둘 중 하나를 선택해!" 하고 여자가 고함을 지르는 순간, 백기를 들고 헐레벌떡 뛰어나오고 만다. 다음날 남자는 보고서를 제때 제출하지 못해 상사에게 심하게 질책을 받는다.

보통사람들이 어떤 상황에 대해 '전체적'으로 생각하는 반면 경제학적 사고방식에 익숙한 사람들은 항상 '한계적'으로 생각한다. 앞 이야기에서 여자가 경제학을 제대로 배웠다면 자신의 총 가치와 한계 가치를 직접 비교하는 잘못을 피할 수 있었을 것이다. 총 가치와 한계 가치를 비교하거나 총 가치끼리 비교하면서 내리는 의사 결정은 합리적이지도 않고, 올바르지도 않다. 따라서 이런 경우에 남자의 의사 결정은 '최후의 두 시간'을 보고서를 마무리하는 데 투자해 얻게 될 '한계 이익(즉, 의무의 완수와 상사의 평판이나 호감 획득)'과, 여자 친구를 만나지 않음으로써 받게 될 '한계불이익(여자 친구와 다투거나 관계 회복을 위해 지불해야 하는 비용 등)' 가운데 어느 것이 큰가를 비교함으로써 이뤄지는 것이 합리적인 의사 결정이다.

만약 남자가 경제학적 사고방식에 익숙하다면 연인의 전체 가치 대 일의 전체 가치를 비교하는 것은 잘못이라는 것을 차근차근 설명해 보고서를 두 시간 안에 마무리하는 게 그녀와 보내는 것보다는 훨씬 더 가치 있는 일이라는 것을 납득시켰을 것이다.

많은 사람들이 일상의 소소한 결정으로부터 시작해 사업이나 경제 활동 혹은 큰 위험이 따르는 의사 결정을 내릴 때도 한계 비용 대신 총 비용이나 평균 비용을 바탕으로 의사 결정을 내릴 때가 있다. 그러나 경제학적 사고방식은 항상 평균 비용이나 총 비용 대신 한계 비용에 바탕을 두라고 권한다. 경제학자인 폴 헤인(Paul Heyne)은 이렇게 조언한다.

경제 분석은 기본적으로 한계 분석이다. 많은 경제학자들은 우리가 '경제학적 사고방식'이라고 언급한 것을 '한계주의'라고 한다. 한계적이란 추가적이라는 의미다. 경제 이론에서는 항상 추가적인 비용을 추가적인 편익과 비교해 의사 결정을 한다고 가정하므로 경제 분석은 한계 분석이다. 의사 결정을 내릴 때 한계 비용과 한계 편익을 제외하고는 아무것도 중요하지 않다. (폴 헤인, 『경제학적 사고방식』)

한편 일반인에게 '한계적'이란 용어가 그다지 익숙하지 않으면 일상 용어로 '추가적'이란 용어를 사용하는 것도 도움이 될 것이다. 즉 한 단위를 더 추가할 것인가 말 것인가 고민한다면 특정 상품이나 서비스를 한 단위 추가할 때 얻을 수 있는 추가적인 효용(한계 효용)과 추가적인 구매에 따르는 비용(한계 비용)보다 크면 구매하면 된다.

기업 경영자도 마찬가지다. 근로자 한 명을 고용할 때 그가 낳을 수 있는 추가적인 이익(한계 이익)이 추가적인 비용(한계 비용)보다 크면 고용을 해도 된다.

그런데 보통 사람들은 한계 비용이나 한계 이익이라는 개념에 그다지 익숙하지 않다. 기업들이 낭패를 보는 경우를 보면, 의사 결정 과정에 매몰 비용이라는 개념이 슬며시 끼어들기 때문이다.

어떤 기업가가 특정 공장 설비에 100억 원을 투자했다고 가정해 보자. 그런데 불행히도 예상과 달리 그 설비를 이용해 만든 상품이 팔리지 않는다고 생각해 보자. 이런 경우에 기업가는 본전 생각에서 자유롭기가 쉽지 않다. 그래서 손해를 보면서까지 설비를 팔 수 없다며 설비를 갖고 있기로 한다.

이것이 과연 현명한 의사 결정일까? 의사 결정에 매몰 비용이 개입해서는 안 된다. 다시 말하면 이미 특정 의사 결정을 통해 행동에 옮겨진 설비 투자는 현재의 의사 결정 과정에서 비용으로 간주될 수 없다. 의사 결정은 이미 투자된 매몰 비용을 제쳐 두고 현재의 의사 결정이 앞으로 가져올 한계 이익과 한계 비용을 비교한 후 내리면 된다. 폴 헤인은 이를 두고 "매몰 비용은 경제적 의사 결정과 무관하다. 과거는 과거일 뿐이다"라고 말했다. 비용 때문에 판단을 흐려서는 안 된다는 것이다.

사람들의 상호작용

경제학적 사고로 훈련하기

거래는 가치를 증가시킨다

농업이나 제조업은 농산물 혹은 제조품을 눈으로 직접 봄으로써 가치를 낳는다는 사실을 쉽게 알 수 있다. 그런데 눈에 보이지 않는 거래라는 것은 단지 상품이나 서비스를 교환하는 일일 뿐이다. 어떤 물건이나 서비스를 주고받는 일 자체만으로 어떻게 부가 만들어지는 것일까?

거래는 참여하는 사람들에게 이득을 가져다준다는 점에서 생산적이다. 여기서 '생산적'이라는 사실은 거래에 참여한 사람들의 만족도, 즉 효용을 증가시키는 것을 뜻한다. 다시 말하면 생산적인 활동이란 어떤 것의 모양이나 위치 그리고 시간의 활용 가능성을 증가시킴으로써 그것의 가치를 증가시키는 것을 뜻한다.

교환은 분명히 가치를 높이는 활동이다. 그런데 부에 대한 물질적인 관점이 교환이 가치를 증가시키는 활동이란 사실을 이해하는 것을 방해한다. 누군가 당신에게 생산적인 활동은 무엇이냐고 묻는다면 어떻게 대답할 것인가? 생산적인 활동이란 물질의 생산을 증가시키는 것이 아니라 부의 생산을 증가시키는 것이라고 답하는 것이 옳다.

부는 사람들이 가치를 부여하는 모든 것들을 포함한다. 물론 물질은 부에 기여하는 중요한 요소다. 그러나 비물질적인 것, 예를 들어 행복감 등과 같은 감정 역시 가치를 부여하는 것에 포함될 수 있다. 스타벅스 커피점은 어떻게 원가가 얼마 되지 않는 커피를 4천 원에 판매할 수 있을까? 커피가 제공하는 비물질적인 요소가 고객의 가치를 높이기 때문이다.

하지만 분명히 짚고 넘어가야 할 점은 물질적 특징의 변화, 이를테면 물질의 무게, 부피 등의 증가가 반드시 부의 증가에 이바지하는 것은 아니라는 점이다. 거래를 정확히 이해하려면 다음 사실을 알아야 한다.

거래는 사기이거나 강요된 것이 아니라면 항상 동일 가치의 교환이라고 가정한다. 이러한 가정을 따르면 시작부터 잘못된 것이다. 그 반대가 진리다. 즉, 거래는 결코 동일 가치의 거래가 아니다. 동일 가치라면 거래가 발생하지 않을 것이다. 정보가 공개되고 강요되지 않는 거래에서 쌍방은 보다 낮은 가치를 갖는 것을 포기하고 보다 큰 가치를 갖는 것을 얻음으로써 이익을 얻기 때문이다. (폴 헤인, 『경제학적 사고방식』)

예를 들어 갑이 갖고 있는 디지털 카메라와 을이 갖고 있는 MP3를 자발적으로 교환하는 경우를 생각해 보자. 왜 이런 교환이 이루어지게 된 것일까? 그들이 주고받는 활동을 통해 각자 만족도가 높아질 거라고 기대하기 때문이다. 아무튼 이런 거래는 동일한 가치를 둔 거래는 아닌 것만은 분명하다.

그러나 누군가는 이런 거래를 보고 "아무것도 변한 게 없잖아요. 단순히 주고받은 것뿐이니까요. 각자 만족도가 높아지고 행복해진 것은 사실이지만, 무엇 하나 생산하지는 않았잖아요. 사회에는 여전히 디지털 카메라 한 대와 MP3 한 대가 있을 뿐이지 않습니까?" 하고 말할 수도 있다.

이렇게 말하는 건 거래에 편견을 갖고 있기 때문이다. 이 같은 주장을 펴는 사람들은 디지털 카메라와 MP3를 만들어내는 사람들만이 생산적이라고 말하고 싶을 것이다. 하지만 제조 역시 원료를 이용해 완제품이란 상품을 만들어내는 것은 물질을 가치 있는 형태로 재배열한 것에 불과하다. 그러므로 교환이라는 것도 물질을 가치 있는 형태로 재배열한 것을 의미한다.

생산적인 활동을 가치를 창출하는 활동으로 생각하면, 갑은 디지털 카메라라는 투입 요소를 이용해 MP3라는 산출물을, 을은 MP3라는 투입물을 이용해 디지털 카메라라는 산출물을 만들어낸 것으로 보면 된다. 여러 가지 원료와 노동력을 이용해 디지털 카메라와 MP3를 만들어내는 과정에서 투입물의 가치에 비해 산출물의 가치를 높인 것처럼 거래를 통해 상대방 모두 가치를 높이는 데 성공한 것이다.

7. 지식의 조정이 경제문제를 해결한다

어느 국가든 과거 촌락 단위에서처럼 눈에 보이는 사람들로 구성되어 있는 게 아니라 무수히 많은 익명의 사람들로 구성되어 있다. 이 거대 사회의 경제 문제는 어떻게 해결되는가? 시장경제 체제하에서는 사적인 이익을 추구하는 각각의 경제 주체들이 시장을 통해 갈등과 분쟁 없이 경제 문제를 해결한다.

시장경제에 대칭되는 개념은 계획경제다. 20세기 백 년 동안 사회주의와 공산주의는 한 국가 전체를 자발적 교환을 토대로 하는 '시장'이 아니라 계획과 지시 그리고 통제를 토대로 하는 '명령'으로 경제 문제를 해결하려고 했다. 하지만 잘 알려진 바와 같이 모두 실패하고 말았다. 오늘날 북한이나 쿠바 정도를 제외한 대다수 국가들이 외관상 시장경제를 채택하고 있다.

그러나 외관상 시장경제를 갖고 있는 나라라고 하더라도 노동, 교육, 정부, 연금 등 각 사안별로 들어가면 여전히 계획경제의 유산이 남아 있다. 뿐만 아니라 정책을 만들고 집행하는 사람들 의식 속에는 계획이나 지시, 통제에 대한 강한 욕망과 유산이 남아 있다. 이것은 보통 사람들 마음속도 마찬가지다. 그렇기 때문에 특정한 경제 문제라도 발생하면 기다렸다는 듯이 '행정부가 무엇인가 조치를 취해야 한다'는 여론이 형성되고, 이를 반영하는 움직임이 가시화되면서 세금 부담을 날로 높이고, 정부 지출 규모를 키운다. 우리나라도 예외가 아니다.

그렇다면 시장은 어떻게 이처럼 복잡한 문제를 평화롭게 해결할 수 있는 것일까? 그것은 세상에 흩어져 있는 다양한 지식을 어떻게 활용할 것인가라는 문제로 보면 된다. '지식 조정' 문제인 것이다. 사람들은 자신의 직업과 관련해 저마다 남에게 내놓아도 손색 없는 능력이나 기능을 갖고 있다. 오랫동안 한 분야에서 무난하게 사업을 해온 사람은 그 분야에서는 다른 사람에 비해 뛰어날 것이다. 경제 주체들 각자가 저마다 지식을 갖고 있는 것이다. 이런 지식을 제대로 활용하면 경제 문제가 해결된다.

공산주의자들은 개인이 가진 지식을 취합해 누구는 이것을 이 만큼 생산하고, 누구누구는 저것을 저 만큼 생산하라고 하는 게 가능하다고 보았다.

그러나 시장경제를 통해 경제 문제를 해결하려는 사람들은 경제 주체 각자가 가격에 맞추어 지식을 자유로이 활용할 수 있도록 허용해야 한다고 주장한다. 노벨 경제학상 수상자인 프리드리히 폰 하이에크는 1945년에 발표한 「사회에서의 지식 사용」라는 논문에서 경제 문제는 한 사회의 지식 사용에 좌우된다고 말했다.

합리적인 경제 질서의 문제는 우리가 이용해야 할 상황에 관한 지식이 집중되거나 통합된 형태로 존재하지 않는 게 특징이다. 오히려 경제 질서는 상황에 관한 지식이 모두 분리된 개인들이 소유하는 불완전하고 빈번히 상호 모순되는 분산된 지식 형태로 존재한다. 만약 주위 여건에 의해 만들어진 문제를 정교하게 푸는 수단을 단 한 명의 행동 주체에게만 맡긴다면, 그 사회의 경제 문제는 단순히 자원을 어떻게 분배하느냐는 문제가 아니라 자원을 가장 잘 이용하는 사회 구성원을 어떻게 확보할 것인가에 달려 있다. 사회의 구성원들만이 그들 자신이 추구하는 목적의 중요성을 알기 때문이다. 다시 말하면 경제 문제는 사회의 누군가가 전부에게 알려지지 않은 지식을 활용하는 문제다. (프리드리크 폰 하이에히, 「사회에서의 지식 사용」)

8. 가격은 자유로워야 한다

세상은 자신의 이익을 추구하는 사람으로 가득하지만, 그래도 평화롭고 조화롭게 돌아간다. 지난 20세기 백 년 동안 있는 그대로 사익을 인정한 체제는 삶을 개선할 수 있었지만, 사익을 인정하지 않은 체제는 기근과 가난이라는 비용을 지불한 끝에 사익을 인정하는 체제로 돌아서고 말았다. 이를 일찍이 알아차리고 체계화한 인물이 아담 스미스다. 그는 각 개인이 자신의 이익을 추구하는 행동이 결과적으로 자신의 이익뿐만 아니라 사회적 이익과 사회적 협동을 가져온다는 사실을 이렇게 설명했다.

우리가 식사를 할 수 있는 것은 정육점 주인과 양조장 주인, 빵집 주인의 자비 때문이 아니라 그들이 자기 자신에 대해 관심을 갖기 때문이다. 우리는 그들의 인간성에 호소하지 않고 그들의 자애심에 호소하며, 그들에게 우리 자신의 필요를 이야기하지 않고 그들의 이익을 이야기한다. 거지 외에는 아무도 동료의 자비에 전적으로 의지하려고 하지 않는다. (아담 스미스, 『국부론』)

아담 스미스의 주장에 의하면 시장에 참여한 사람들이 평화롭게 삶을 살아갈 수 있는 이유, 한 걸음 나아가 의식주 해결을 비롯한 경제 문제를 해결할 수 있는 이유는 사람들이 다른 사람들에게 베푸는 자선 행위 때문이 아니다. 각자가 추구하는 이기적인 행동이 '보이지 않는 손'을 통해 스스로도 전혀 기대하지 않았던 결과를 낳고 있을 뿐이다. 알기 쉽게 이야기하면 시장에 참여하는 사람들이 경제 문제를 해결할 수 있는 것은 모두가 자신의 이익일 위해 이기적으로 열심히 살아가기 때문이다. 따라서 우리는 이기심을 긍정적으로 받아들여야 한다.

사실 그는 공공의 이익을 증진시키려고 의도한 것도 아니며, 그가 얼마나 기대하는지도 알지 못한다. (…) 그는 오직 자신의 이익만 의도했다. 그가 이렇게 한다고 해서 (다른 많은 경우에 비해) 사회에 기여하는 바가 줄어드는 것은 아니다. 그는 자신의 이익을 추구함으로써 자신이 의도한 것보다 더욱 효과적으로 사회의 이익을 증진시킨다. 나는 공공복지를 위해 사업을 한다고 떠드는 사람들이 좋은 일을 많이 하는 것을 본 적이 없다. (아담 스미스, 같은 책)

그렇다면 여기서 '보이지 않는 손'은 무엇을 말하는 것일까? 그것

은 바로 시장에서 수많은 공급자와 생산자의 행동을 조정하는 '가격'
이다. 가격이 자유롭게 변화할 수 있도록 인정하는 한 우리들이 고민
하는 경제 문제는 거의 해결할 수 있다. 이러한 기초적인 진실을 알
면서도 막상 가격을 규제해 당면한 경제 문제를 해결하려는 사람들
도 많다.

시장경제에서 가격은 세 가지의 경제 문제, 즉 무엇을 생산할 것인
가, 어떻게 생산할 것인가, 누구를 위해 생산할 것인가를 가장 효율
적으로 해결한다.

가격은 우선 뉴스와 같은 역할을 한다. 전문가들은 이를 가격의 '정
보 전달 기능'이라고 부른다. 우리는 세상 모든 것에 통달할 수도 없
고, 통달할 필요도 없다. 그런데도 현명하게 행동할 수 있는 것은 자
신이 어떻게 행동해야 할 것인가에 대한 정보를 가격이 알려주기 때
문이다.

석유 가격이 올랐다고 해보자. 석유 가격이 앞으로 얼마나 더 오를
지를 알려고 자료를 찾거나 고민할 필요가 없다. 석유 가격이 왜 오
르든 그런 현상은 가격에 반드시 반영될 것이고, 소비자나 생산자는
그에 맞추어서 자신의 행동을 조정하면 그만이기 때문이다. 즉, 석유
가격이 오르면 생산자나 소비자 모두 석유 소비를 줄이려고 노력하
게 된다.

이처럼 가격을 통해 전달된 정보에 반응하도록 유도하는 것을 흔
히 가격의 '정보 유인 제공 기능'이라고 한다. 가격이 오르면 당연히
대체할 수 있는 상품을 구하거나, 아니면 가격이 오른 제품의 수요를
적극적으로 줄여 나가는 것 역시 가격이 수행하는 중요한 역할 가운
데 하나다.

예를 들어 임금이라는 가격이 오르는 경우를 생각해 보자. 가격 증가는 자연스럽게 노동 수요를 감소시키게 될 것이다. 노동 대신 자본 투자를 증가함으로써 자연스럽게 노동을 자본으로 대체하는 일들이 일어나는 것이다.

가격은 '소득 분배 기능'도 맡는다. 여러분의 소득은 여러분이 갖고 있는 생산 요소에 가격을 곱한 값이다. 여러분이 지금 어떤 생산 요소를 가지고 있는가는 이제까지 여러분이 내린 의사 결정이나, 그동안 여러분에게 주어진 기회의 선용 여부와 환경 등 다양한 요인들에 의해 결정된다. 그게 무엇이든 여러분의 소득 수준은 여러분의 생산 요소의 가격에 의해 결정된다. 어느 사회를 가든지 소득 분배에 대한 이야기가 분분하다. 시장 때문에 소득 분배가 잘못되었다고 생각하는 사람들은 인위적으로 가격을 조정하는 방식을 선호하게 된다. 그러나 여기서 유념해야 할 점은 가격의 유인 제공 기능과 소득 분배 기능이 분리될 수 없다는 점이다.

임의로 정한 정의로운 소득 분배를 위해서 생산요소의 가격을 임의로 조정하게 되면, 그 결과는 앞에서 이야기한 두 가지 기능을 왜곡함으로 자원의 낭비를 가져오게 될 것이다. 만약 어떤 직종의 임금을 사회적인 목적에 따라 과도하게 통제해 버리게 되면 그 분야에 종사하는 사람들은 상대적으로 소득에서 손해를 보게 될 것이다. 이를 지켜본 사람들은 그 분야를 지원하지 않게 되고 중장기적으로 노동 공급의 부족을 낳게 될 것이다.

9

정부의 시장개입은 선(善)이 아니다

모든 것을 시장에 맡겨 해결할 수는 없다. 이따금 시장이 자원을 효율적으로 배분하는 데 실패하기 때문이다. 경제학에서는 갖고 있는 희소 자원으로부터 최대의 효과를 끌어내는 데 실패하는 것을 '시장 실패'라고 부른다.

전형적인 것이 공해다. 환경은 어느 누구의 소유도 아니기 때문에 '공유의 비극'과 같은 문제가 발생한다. 사익을 마음껏 추구하다 보면 사회에 환경오염 비용을 전가할 수 있다. 정부가 개입하지 않으면 공해 배출 업체 스스로 공해를 줄일 아무런 인센티브가 없기 때문이다.

어떤 경제 주체의 행동이 다른 사람들의 경제적 후생에 영향을 주는 현상을 '외부 효과'라고 부른다. 이런 경우 외부 경제가 발생한다고 말할 수 있다. 이때는 정부가 개입해 자원 배분의 효율성을 올릴 방법을 찾아야 한다.

정부가 개입해서 외부 경제를 만들어내는 경우도 있다. 영종도 국제공항을 생각해 보자. 정부가 계획을 세워 추진하지 않았다면 우리는 아직도 김포공항을 사용하고 있을 것이다. 경제 활동에 기초가 되는 도로와 항만, 공항 등과 같은 사회 간접 자본 시설은 정부가 장기적으로 계획을 세워 차근차근 실천해야 하는 일이다. 정부가 공공재를 공급하는 것이다. 국방, 치안, 사회 간접 시설 등도 정부가 일정 역할을 맡아야 하는 부분이다. 물론 공공재의 경우에도 민간 기업의 역할을 적절히 가미해 효율적인 방법을 찾을 수는 있다. 그래도 주도적인 역할은 정부가 맡아야 한다.

시장이 자원 배분에 실패하는 또 다른 경우는 소수 기업이나 소수의 개인이 가격의 자유로운 변화를 방해할 때다. 이런 능력을 '시장 지배력'이라고 한다. 시장 지배력을 갖고 있느냐 아니냐가 애매한 경우도 많다. 예를 들어 신규 기업이 자유롭게 진입하지 못하는 산업들은 확실히 시장 지배력을 갖는다. 이 경우 가격을 턱없이 올려버릴 수 있으므로 정부의 개입이 불가피하다.

연금도 마찬가지다. 혹자는 개인이 알아서 하면 되지 정부가 국민 연금을 거둬들일 필요가 있느냐고 묻는다. 정부가 거둬들인 연금을 운영하는 과정에서 민간 기업들의 경쟁을 활용하는 방법은 고려하더라도 연금 제도 자체를 없애자는 의견은 다시 생각해야 한다. 젊은 날 자신의 자원을 다 써버리고 노후가 되어 배 째라는 식으로 정부에 생계를 책임지라는 것은 무임승차나 마찬가지이기 때문이다.

그러나 떡을 만드는 문제 외에 떡이 어느 정도 공정하게 분배되는가 하는 문제도 생각해야 한다. 물론 시장의 힘을 신뢰하는 사람들은 소득 배분 역시 한 인간이 가진 생산 요소에 의해 결정되고, 이런 요소들 역시 완전히 우연을 배제할 수는 없어도 결국 자신이 책임져야 하므로 아무도 소득 분배에 개입해서는 안 된다고 주장할 수 있다. 그러나 사람마다 정도의 차이는 있겠지만, 소득 분배 정도가 지나치게 악화되면 사회 안정이나 통합 차원에서 문제가 발생할 수 있다. 극도의 빈곤 문제 같은 것은 사회 안정이나 인권 차원에서 접근할 필요가 있기 때문이다.

따라서 효율성이 우선되어야 하되, 공평성, 즉 '희소 자원 활용의 혜택이 사회 구성원에게 공정하게 분배되는 속성'을 존중해야 한다. 정부가 저소득층을 지원하고, 절대빈곤층의 생활을 개선하기 위해 노력하는 것도 이런 노력의 일환이다. 그러나 늘 주의해야 할 것은 시장개입이 선(善)이 아니라는 점이다. 정부가 시장 실패를 치유하기 위해 개입했다가 상황을 악화시킬 수 있다. 이를 '정부 실패'라고 한다. 밀턴 프리드먼의 견해를 참조할 필요가 있을 것이다.

깨끗한 공기나 맑은 물이 좋다는 점은 누구나 안다. 정부의 힘을 매우 강화하고 확대하지 않는다면 어떻게 깨끗한 물과 공기를 갖게 될 수 있겠는가? 정부가 시장 실패를 바로 잡으려 할 때는 반드시 이런 문제가 일어난다. 게다가 이때 비용을 물지 않고 이익을 보는 사람이 있는가 하면, 이익도 얻지 못한 채 비용만 무는 사람도 있다. 또한 이미 말한 바와 같이 전자는 후자보다도 정치적으로 우위에 있고, 후자는 거의 무력한 상태에 있다. 따라서 실제로 시장 실패가 일어났다 해도 정부 실패에 비해서는 훨씬 더 범위도 좁고 해악도 적다. (밀턴 프리드먼, 로즈 프리드먼 『현상유지의 폭정(*Tyranny of the Status Quo*)』)

{ 10. 소득은 다른 사람을 도운 대가다

경영학의 대부로 불리는 피터 드러커 교수의 자서전을 보면 돈 버는 일이나 부자가 되는 일에 대한 재미난 사례가 나온다.

사무엘 존슨(Samuel Johnson) 박사는 이렇게 말했다. "돈을 벌기 위해 일하는 사람이 가장 순수하다." 아주 의아하게 들릴지 모르지만, 흘려들어서는 안 되는 말이다. 그의 판단은 매우 지혜롭기 때문이다. 구시대의 종교적 도덕주의자인 그가 돈을 버는 일, 즉 수익이 생기는 일을 좋게 생각하고 말한 것은 아니다. 단지 돈을 벌기 위해 일하는 인간은 나쁜 일을 가장 적게 하는 사람이라는 뜻이다. 왜냐하면 수익 사업을 하는 사람은 권력을 추구하지 않으며, 사람을 지배하거나 힘들게 하지도 않고, 부정 축재를 하지도 않기 때문이다. 그들은 상징에 만족하고, 현실을 흘러가는 대로 놔둔다. (『피터 드러커 자서전』)

돈을 버는 일이나 부자가 되는 일에 대해 아직도 반감을 느끼는 것처럼 보인다. 돈을 가진 사람들에게 벌을 주는 것 같은 세금이 신설되고, 세율이 높아지는 것을 아무렇지 않게 생각하는 정치가들을 볼 때마다 시장경제에서 돈 버는 일이 과연 어떤 의미를 갖는지 생각해 보게 된다.

소득은 그냥 얻는 것이 아니다. 시장경제의 속성인 주고받는 관계 속에서 만들어지는 것이다. 줄 게 없으면 받을 것도 없다. 누군가 높은 소득을 올렸다는 것은 다른 사람들에게 그만한 상품이나 서비스를 제공했다는 뜻이다. 그러므로 부자가 되고 싶거나 좀더 벌고 싶다면 다른 사람들을 도울 수 있는 방법을 적극적으로 찾아야 할 것이다.

그런데 더 좋은 품질로, 더 저렴한 가격으로, 더 최신의 방법을 가진 경쟁자가 등장하기 때문에 돈 버는 게 만만치 않다. 그렇기 때문에 시장경제에서 부자가 되는 일은 찬양받아야 하는 일이다. 노래를 잘 부르는 사람, 다른 사람을 잘 설득하는 화술을 가진 사람, 글을 잘 쓰는 사람 등 사람들은 저마다 다른 개성과 장점을 갖고 있다.

사람들마다 강점, 취양, 재주, 위험에 대한 태도, 행운, 마음가짐 등이 다르다. 타고난 것일 수도 있고, 후천적으로 열심히 갈고 닦은 것일 수도 있다. 바로 이러한 차이 때문에 사람마다 다른 사람들에게 제공할 수 있는 '그 무엇'도 차이가 날 수밖에 없다. 그리고 이 결과는 소득의 격차를 낳는다.

그리고 중요한 것은 돈을 버는 일이나 부자가 되기 위해 자기중심적으로 생각하고 행동해서는 안 된다는 사실이다. 부자가 되려면 반드시 다른 사람들이 무엇을 원하는지, 무엇을 간절히 필요로 하는지 알아차려야 한다. 그런 재능을 갖추려면 관찰력도 있어야 하고, 다른 사람을 배려할 줄도 알아야 한다.

돈을 벌 가능성이 열려 있지 않았다면 세상은 지금보다 훨씬 야만스러울 것이다. 돈을 벌게 되는 사람들은 그렇지 않은 사람들에 비해 과격하지 않다. 그러므로 중산층이 많은 사회일수록 안정된 사회라고 할 수 있다.

국가경제의 작동방식

경제학적 사고로 훈련하기

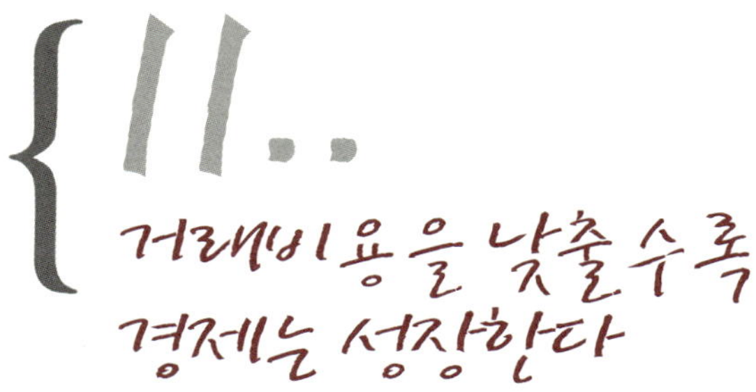

모든 분야에서 거래비용을 낮추어야 경제가 성장할 수 있으며, 살림살이가 나아진다. 국가 경제 정책도 현재 추진하고 있는 정책이 거래비용을 높이는가, 아니면 낮추는가를 기준으로 판단해야 한다.

정부가 거래에 필요한 서류 양식이나 도량형 등을 통일하는 일도 거래비용을 낮추는 활동이다. 동서양을 불문하고 통일 국가를 이루면 도량형이나 화폐부터 개혁하는 것도 이 때문이다.

정부가 항만이나 도로, 통신 등에 장기적인 계획을 갖고 투자하는 일 역시 거래비용을 낮추려는 활동이다. 서울에서 대구까지 서너 시간 걸리다가 KTX가 개통되고부터 1시간 40분대로 줄어들면서 의료 분야를 비롯해 많은 활동 영역이 서울로 통합되고 있다. 이 역시 가치 판단이란 문제가 개입하면 지방 상인이 타격을 받는 것으로 이해할 수 있지만, 국가 입장에서 보면 거래비용 축소로 거래를 활성화하는 것이다.

지금은 누구나 당연하게 여기지만, 대형 할인점과 대형 서점이 지방에 진출할 때도 지역 상인들의 저항을 불사할 수밖에 없었다. 지방 상권을 고사시키는 자본의 횡포라며 저항하는 바람에 여러 해가 걸리기도 했다. 중소 유통업으로 생계를 유지해 오던 사람들이 피해를 받는 것은 사실이지만, 대형 유통업체나 서점이 지방에 진출함으로써 얻는 2차 효과를 이성이나 논리로 추론해 봐야 한다. 다수의 소비자들이 상품 하나를 구매하기 위해 여러 군데의 소형 유통업체를 방문해야 하고, 소형 업체이다 보니까 자연히 가격도 높을 수밖에 없다. 대형 유통업체나 대형 서점들은 모두 거래비용을 현저하게 낮춤으로써 거래에 참여하는 사람들에게 이익을 가져다줄 가능성이 높아진다.

과거에는 주유소나 골프장 같은 경우 엄격한 허가제였기 때문에 정치가들이 허가를 내주는 대가로 리베이트를 받는 관행이 이어져왔다. 이렇듯 허가제는 당연히 거래비용을 높이게 되고, 이미 시장에 진출해 있는 사람들의 이익을 보호해 줄 뿐만 아니라 허가권을 갖고 있는 사람들에게 상당한 권한을 허용한다.

인간의 역사만큼이나 오래된 것이 중개 상인에 대한 비난이다. 거래비용을 낮추는 에이전트인 중개 상인들은 육체 노동을 하지 않고서도 부를 쌓는다는 이유로 심하게 비난받았다. 눈으로 확인할 수 있는 노고가 아니면 무조건 비난받는 것이다.

지금도 가격이 오를 때마다 매점매석이나 투기를 하는 상인들을 비난한다. 만약 상인들이 개입하지 않았다면 관료들이나 준관료 집단이 개입했을 것이다. 그러나 관료들이나 준관료 집단은 목숨 걸고 노력하지도 않을뿐더러 실제로 상인만큼 전문가도 아니다.

거래를 활성화해야 한다. 그러면 사는 게 점점 나아진다. 정부는 지금보다 더 많은 거래가 이루어지도록 무엇을 어떻게 해야 할 것인가를 찾아 실천해야 할 것이다.

12

사회적 부는 실질산출량에 비례한다

잘사는 것은 구매력으로 표현되는 실질 소득이 증가한 것을 뜻한다. 실질 소득이 증가하려면 생산성이 높아져야 하고, 실질 산출량이 증가해야 한다. 한 국가의 1인당 소득과 1인당 산출량은 평균적인 생활 수준을 나타내는 중요한 지표다.

산출량은 상품이나 서비스를 구입한 사람들이 지불한 총액, 즉 가격 곱하기 생산량이다. 그런데 이렇게 만들어진 산출량은 생산 요소인 노동, 자본 그리고 이윤 등의 형식으로 생산 활동 요소를 공급한 사람들에게 지불된다. 결과적으로 사람들이 받는 소득의 총액은 상품과 서비스를 구매하기 위해 지불한 액수와 일치한다.

정부가 할 일은 생활 수준, 즉 실질 소득 수준을 높이도록 사람들이 필요로 하는 산출량 증가를 돕는 일이다.

그러면 산출량은 어떻게 증가시킬 수 있을까? 네 가지 방법이 있다.

첫째는 근로자의 숙련도를 높이는 일이다. 물론 숙련도를 높이는 데는 개인의 노력이 중요하지만, 교육 제도와 환경을 개선하는 일은 정부의 몫이다.

둘째는 근로자 1인당 자본 투입량을 증가시키는 일이다. 결국 한 사람 한 사람에게 주어진 자본의 양이 얼마인가에 따라서 생산성이 크게 달라지고, 이는 곧바로 산출량 증가와 실질 소득 증가로 이어진다.

셋째는 기술을 발전시키는 일이다. 기술이란 다르게 표현하면 투입 요소를 산출량으로 변화시키는 방식을 말한다. 그렇기 때문에 기술 발전은 생산가능곡선 그 자체를 변화시키게 된다. 기술 발전은 시간 절약, 정보 습득의 용이성 등을 통해 사람의 실질 소득을 증가시킬 수 있는 가능성을 제공한다.

마지막으로 효율적인 경제 조직을 만드는 일이다. 효율적인 경제 조직은 같은 요소를 투입해 생산성을 높이는 데 큰 역할을 한다. 만약 법적으로 노력의 대가를 보호해 주지 않는다면 아무도 노력하지 않을 것이다. 지적 재산권을 보호해 주는 제도나 주식회사에 법인 성격을 부여함으로써 개인이 자신이 투자한 범위 안에서 책임을 지게 하는 것도 경제 조직이 할 일이다.

13 정부의 재정지출은 통제해야 한다

놀랍게도 사람들은 별 생각 없이 '정부는 공공의 이익에 따라 행동한다'고 생각한다. 따라서 다양한 사회 문제가 발생하면 항상 '정부가 무엇 무엇을 해야 한다'고 주장하게 된다. 이러한 믿음 때문에 어느 나라든 재정 지출이 꾸준히 증가해 왔다.

뿐만 아니라 무슨 사안이라도 발생하면 이와 관련된 공무원 수가 늘어난다. 대형 안전 사고가 발생하면 안전 관련 공무원을 늘리고, 건설 관련 사고가 발생하면 건설 관련 공무원을 늘리고, 복지 관련 수요가 발생하면 복지 관련 공무원 수를 늘린다.

사기업은 지출과 수입을 맞추어야 하는 절대절명의 과제를 안고 있기 때문에 인원 수를 조정해야 할 강한 동기를 부여받지만, 정부를 비롯한 공적 기관들은 조세나 준조세와 같은 강제력을 이용해 자원을 거둬들일 수 있기 때문에 인원을 절감해야 할 동기를 강하게 느끼지 않는다. 따라서 공공 부문은 자금이나 인력 면에서 특별한 조치가 취해지지 않으면 계속 팽창하게 된다.

'정부가 과연 공익을 위해 행동하는가?'라는 주제는 경제학의 관심을 끌어온 주제로, 이 분야를 집중적으로 조명한 분야가 공공선택론이다.

이들이 내린 결론은 일반인들의 통념과 달리, 정부 정책은 특수한 이해 집단에 의해 좌우된다는 사실이다. 이해관계가 강하게 관련되어 있는 집단이 정부 정책이라는 미명 아래 자신의 의도를 관철시킨다는 뜻이다.

그렇다고 해서 정부의 존재 자체를 부정할 수는 없다. 왜냐하면 앞에서도 이야기했듯이 주변을 조금만 둘러보더라도 사람들의 자발적인 협력을 기대할 수 없는 영역이 많기 때문이다. 따라서 국민은 강제할 수 있는 권리를 정부에 제공한다. 조세를 부과하고, 특정 의무를 강제 집행할 수 있는 막강한 권력을 정부에게 주는 것이다.

그러나 어느 범위까지 정부가 자신의 강제력을 수행해야 하는지에 대해서는 각국의 상황에 따라 다르다. 제2차세계대전 이후 선진국들이나 공산권 국가들에서는 정부가 더 많은 일을 수행해야 한다는 믿음이 전폭적인 지지를 얻었다. 정부 기능을 극대화한 구 공산권 국가들로부터 유럽의 선진국에 이르기까지 산업의 국유화와 복지 정책을 통해 국가 범위를 최대한 확장했다.

그렇기 때문에 국민총생산에서 정부가 차지하는 비중이 크게 증가해 왔다. 그러나 거대 정부를 향한 움직임에서 발생하는 비효율성과 저성장 그리고 고실업 같은 문제들을 해결해 가는 과정에서 가능한

한 자원 배분이나 인력 면에서 정부의 규모를 줄여 나가야 한다는 작은 정부론이 더욱 힘을 얻게 되었다. 특히 1980년대 영국의 대처 혁명이나 미국의 로널드 레이건(Ronald Wilson Reagan)의 보수 혁명을 기점으로 민간이 할 수 있는 영역을 확대하고, 정부의 간섭 범위를 줄여 나가게 되었다.

작은 정부론의 기본은 정부가 법과 질서의 틀을 안정적으로 제공함으로써 그 틀 안에서 경제적 활동이나 여타 활동을 자신의 책임 아래 자유롭게 하도록 허용하는 일이다.

{ **14.. 통화량 팽창은 위험 신호다**

시중에 돈이 많이 풀리면 물가 상승 압력이 생겨나고, 그러면 사람들은 실물 자산을 원하게 된다. 근래에 부동산 가격 상승으로 홍역을 치른 것도 투기꾼에게 책임을 물을 것이 아니라 통화량 증가에 책임을 물어야 한다.

통화량 팽창은 대외적인 요인 때문이기도 하다. 수입보다 수출이 활성화되면 국내에 달러가 많이 유입되는데 이 달러가 환전되는 과정에서 통화량이 늘어난다.

또 다른 요인은 정부가 발권력이라고 하는 강제력을 동원해 통화량을 늘리기 때문이다. 예를 들어 미국의 천문학적인 경상수지 적자나 재정 적자는 어떻게 매워지고 있을까? 달러화를 발권해 매우고 있다. 물론 세계 도처에 달러를 쓰는 사람들이 있기 때문에 이제까지는 큰 문제가 없었지만, 세계적으로 주택 가격이 상승하는 것도 국제적인 차원에서 통화량이 증가했기 때문이다.

역사적으로도 통화를 자발적으로 억제한 정치가는 아주 드물다. 행정부의 영향력이 큰 국가에서는 행정부가 중앙은행을 지배하거나 영향력을 행사할 수 있기 때문에 다양한 방법으로 통화 공급량을 늘릴 수 있다.

화폐 가치 안정은 일반 시민들로 하여금 생산적인 활동에 종사하도록 유도한다. 실물 경제가 성장하는 속도만큼 통화 공급량이 서서히 증가하면 화폐 가치는 계속 구매력을 유지할 수 있다. 그러나 재화나 서비스 공급은 더디게 이루어지는 데 반해 화폐 공급량이 예측할 수 없을 정도로 빨리 증가하면, 물가가 뛰고, 화폐 구매력은 줄어들어 사람들은 생산적인 활동 대신 비생산적인 활동, 즉 실물 자산에 눈을 돌리게 된다.

현재의 통화 팽창은 대부분 정부가 중앙은행으로부터 국공채를 발행하고, 이것을 담보로 차입하는 형식으로 이루어진다. 통화 팽창은 시민들로 하여금 정부를 크게 불신하게 만든다. 통화 팽창은 실제로 일종의 범죄 행위라고 할 수 있다. 마치 콜라에 물을 잔뜩 섞어 과거 가격으로 판매하는 것과 똑같은 것이다.

사람들은 우둔하지 않기 때문에 정부의 이 같은 묵시적인 약탈 행위에 적극적으로 대응한다. 주택이나 토지, 귀금속, 예술품과 같은 실물 자산을 선호하게 되는 것이다.

통화 가치를 안정시키려면 우선 중앙은행이 실질적으로 독립해야 하고, 중앙은행은 물가 안정을 최우선 정책으로 삼아야 한다.

우리나라에서도 오랜 기간 동안 중앙은행의 독립에 대한 이야기가 나오지만, 아직은 실천하지 않고 있다. 중앙은행의 수장은 행정부의 의도에 따라 중도하차할 때가 많다. 정부에 협조적이지 않으면 언제든 바꿔도 된다고 생각하는 것 같다.

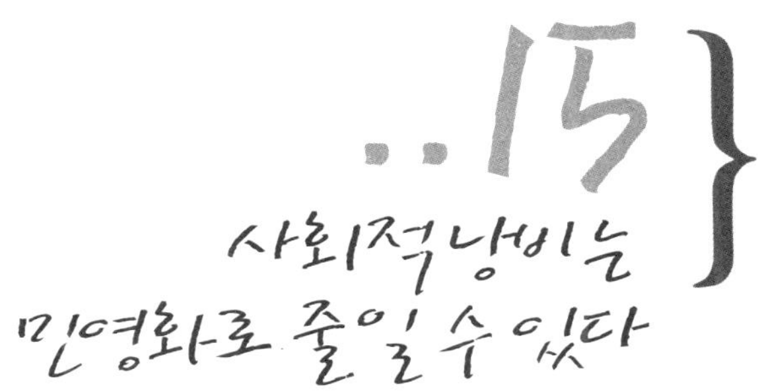

자원이란 것은 항상 한정되어 있기 때문에 효율성에 대해 신경 쓰지 않을 수 없다. 그래서 경제학이나 경영학에서는 늘 '어떻게 하면 자원의 효율성을 더욱 높일 수 있을 것인가?'라는 과제를 두고 고민을 거듭해왔다.

공공재의 경우도 반드시 정부가 맡아서 해야 효율성을 높일 수 있는지 의문을 갖게 될 때가 많다. 따라서 근래에는 전통적으로 정부가 맡아야 한다고 생각해 왔던 분야의 운영 주체를 민간으로 바꾸는 작업이 활발하게 이루어지고 있다. 이렇듯 소유권을 정부로부터 민간으로 바꾸는 작업을 '민영화'라고 한다.

전기나 철도 등과 같은 정부가 맡아서 하는 분야는 생산량이 증가함에 따라 생산 비용이 계속 하락하는 특성이 있기 때문에 이들 산업이나 기업을 자연 독점이라고 불러왔다.

자연 독점 기업의 경우, 큰 기업 하나가 시장 수요를 전부 생산하는 게 작은 기업 여러 개가 생산하는 것보다 더 효율적이라는 논리였다. 규모의 경제가 존재하기 때문이다. 그러나 이 같은 산업이나 기업 분야에서조차 시장에 의한 해결책이 경쟁적이라는 주장이 설득력을 얻어가면서 전기, 가스 통신, 수도 사업, 철도, 우정 사업 등 최근까지 정부가 직접 운영해야 한다고 생각하던 분야까지 과감하게 민영화가 추진되었다.

민영화를 추진해야 하는 이유는 무엇일까? 정부가 직접 공급할 때에 비해 수요자의 요구를 더 잘 만족시키기 때문이다. 한마디로 민영화는 경쟁 압력에 노출시키는 정도와 범위를 증가시키는 것이다. 예를 들어 미국에서는 정부 독점의 우편배달 시스템 대신 FedEx나 UPS 등과 같이 배달을 전문으로 하는 민간 기업들이 더 빠르고 더 저렴한 서비스를 제공하게 되었으며, 이들은 자국 내 경쟁력을 바탕으로 세계적인 기업으로 성장하는 데 성공했다.

정부 기관이나 공기업은 아무래도 사기업에 비해 구조적으로 효율성이 낮을 수밖에 없다. 그곳에 있는 사람들의 자질이 부족해서가 아니라 원가를 낮추고, 생산성을 높이며, 신제품을 개발해야 하는 동기가 낮기 때문이다. 그런 노력을 통해 자신에게 돌아올 이익이 적은데 누가 열심히 노력하겠는가? 공교육의 정상화가 요원한 것도 이 때문이며, 해마다 연말이면 보도블럭을 교체하는 것도 이 때문이다.

이런 폐해를 줄이려면 굳이 정부가 하지 않아도 되는 것은 과감하게 민간에 맡겨야 한다. 포스코, 담배인삼공사 등과 같이 운영 주체를 민간 기업으로 넘겨버리는 것이다.

한편 공공 부문에도 경쟁을 도입하는 방법도 있다. 교육, 수도, 전기, 철도, 가스, 우편 등 거의 모든 영역에서 공공 부문과 민간 기업이 경쟁 체제에 들어가는 것이다. 이런 경쟁을 통해 원가를 절감하고, 가격을 낮추고, 신제품을 만들어내는 것이다. 그러면 납세 부담도 줄일 수 있다.

기업이든 정부든 소비자 중심의 사고, 즉 경쟁 압력에 노출되어야 한다. 그러면 경쟁이 촉진되어 낭비를 줄이고, 효율성을 개선할 수 있다.

인생은 경제학이다

초판 1쇄 2006년 12월 18일
초판 2쇄 2006년 12월 25일

지은이 | 공병호
펴낸이 | 송영석

편집장 | 김수영
책임편집 | 문미경 **외부교정** | 강혜경
기획편집 | 이진숙 · 송복란 · 최아림 · 장한맘 · 정수경 · 김윤정
외서기획 | 이숙향
디자인 | 박윤정 · 황선정 · 박새로미
마케팅 | 이종우 · 김정혜 · 이상호 · 한명회 · 황지현 · 김유종
관리 | 김희경 · 정미희 · 송우석 · 황규성 · 김지희

펴낸곳 | (株) 해냄출판사
등록번호 | 제10-229호
등록일자 | 1988년 5월 11일

서울시 마포구 서교동 368-4 해냄빌딩 4 · 5 · 6층
대표전화 | 326-1600 **팩스** | 326-1624
홈페이지 | www.hainaim.com

ISBN 89-7337-790-6

파본은 본사나 구입하신 서점에서 교환하여 드립니다.